权威读本

U0829184

中华人民共和国
外商投资法
解读

主编
王 翔

中国法制出版社
CHINA LEGAL PUBLISHING HOUSE

前　言

2019年3月15日，第十三届全国人民代表大会第二次会议以2929票赞成、8票反对、8票弃权的表决结果，审议通过了《中华人民共和国外商投资法》，并由国家主席习近平签署第二十六号主席令，予以公布。这部法律将自2020年1月1日起施行。

外商投资法共分为6章，包括总则、投资促进、投资保护、投资管理、法律责任、附则，共42条。主要内容是：第一，明确界定外商投资。即外国的自然人、企业或者其他组织直接或者间接地在中国境内进行的投资活动，包括设立外商投资企业，取得中国境内企业的股份、股权、财产份额或者其他类似权益，投资新建项目，以及法律、行政法规或者国务院规定的其他方式的投资等四类具体情形。第二，积极促进外商投资。在总则中规定国家坚持对外开放的基本国策，鼓励外国投资者依法在中国境内投资；国家实行高水平投资自由化便利化政策，建立和完善外商投资促进机制，营造稳定、透明、可预期和公平竞争的市场环境。同时，设“投资促进”专章，对提高外商投资政策的透明度、保障外商投资企业平等参与市场竞争、加强外商投资服务、依法依规鼓励和引导外商投资等作了规定。第三，保护外商投资合法权益。在总则中规定国家依法保护外国投资者在中国境内的投资、收益和其他合法权益。同时，设“投资保护”专章，对加强对外商投资企业的产权保护，强化对制定涉及外商投资规范性文件的约束，促使地方政府守约践诺，建立外商投资企业投诉工作机制作了规定。第四，规范外商投资管理。规定国家对外商投资实行准入前国民待遇加负面清单管理制度，国家对负面清单之外的外商投资，给予国民待遇。负面清单规定禁止投资的领域，外国投资者不得投资；负面清单规定限制投资的领域，外国投资者进行投资应当符合负面清单规定的条件。同时，还对外商投资管理作出了一些指引性、衔接性规定，如明确按照内外资一致的原则对外商投资实施监督管理，建立外商投资信息报告制度，对外商投资安全审查制度作出原则规定等。

为了配合外商投资法的学习、宣传，帮助广大读者准确理解立法原意，我们组织编写了本书。全国人大常委会法工委经济法室副主任王翔同志担任本书主编，并承担了全书的统稿工作；全国人大常委会法工委经济法室的刘泽巍、陈扬跃、吕丽萍、刘良、戴蕾五位同志全过程参与了外商投资法的立法过程，承担了本书的撰写工作，阐释了每一个条文的具体含义。

本书力求准确、简要、通俗易懂地阐释外商投资法的内容，但因时间和水平有限，如有疏漏之处，敬请读者批评指正。

目　　录

附　录

第一章　总　　则

第一条　为了进一步扩大对外开放，积极促进外商投资，保护外商投资合法权益，规范外商投资管理，推动形成全面开放新格局，促进社会主义市场经济健康发展，根据宪法，制定本法。

条文主旨

本条是关于本法立法目的的规定。

立法背景

外商投资法是外商投资领域的基础性法律。经党中央批准，外商投资法连续两届列入全国人大常委会五年立法规划。全国人大常委会将外商投资法列入 2018 年立法工作计划。按照党中央决策部署和中央全面依法治国委员会工作要求，国务院及其有关部门抓紧研究和起草工作，于 2018 年 12 月上旬将外商投资法草案提请全国人大常委会审议。2018 年 12 月下旬和 2019 年 1 月下旬，十三届全国人大常委会第七次会议、第八次会议分别对外商投资法草案进行了两次审议，并决定由全国人大常委会将外商投资法草案提请十三届全国人大二次会议审议。2019 年 3 月 15 日，十三届全国人大二次会议以 2929 票赞成、8 票反对、8 票弃权的表决结果，通过了《中华人民共和国外商投资法》，自 2020 年 1 月 1 日起施行。

十三届全国人大二次会议审议通过外商投资法，具有十分重要的意义。一是具有重要的政治意义。习近平总书记在 2018 年 12 月 18 日庆祝改革开放 40 周年大会上发表重要讲话，回顾了改革开放 40 年的光辉历程，总结了改革开放的伟大成就和宝贵经验，提出了把新时代改革开放继续推向前进的目标要求，发出了新时代改革开放再出发的宣言书和动员令。在改革开放 40 年后的第一个春天，全国人民代表大会审议通过外商投资法，以实际行动向国人、世人表明我们党将改革开放进行到底的政治勇气和历史担当，充分展现新时代中国坚持对外开放的基本国策、继续扩大对外开放的坚定意志和坚强决心，意义重大、影响深远。二是具有重要的法律意义。我国的对外开放立法是从外商投资立法起步和发展起来的。1978 年 12 月，邓小平同志就明确提出制定外国人投资法。1979 年 7 月，改革开放新时期第一批出台的 7 部法律，就包括中外合资经营企业法，标志着中国打开大门引进外资、实行对外开放，具有里程碑的意义。1980 年 8 月，全国人大常委会批准《广东省经济特区条例》。1986 年和 1988 年，全国人民代表大会又先后制定了外资企业法和中外合作经营企业法，国务院、有关部门和地方陆续制定了一大批有关外商投资的实施性、配套性法规和规章。上述“外资三法”（中外合资经营企业法、外资企业法、中外合作经营企业法），为外商投资企业在我国发展创造了良好法治环境，对推动改革开放伟大历史进程发挥了重要作用。进入21世纪后，为适应加入世界贸易组织的需要，全国人大及其常委会对“外资三法”作出部分修改，删除了法律中要求外商投资企业在境内优先采购、实现外汇收支平衡、出口实绩等规定。2007年，全国人民代表大会通过企业所得税法，实现了内外资企业所得税制统一。党的十八大以后，根据全面深化改革、扩大对外开放的需要，全国人大常委会于2013年、2014年两次作出决定，授权在有关自由贸易试验区内暂时调整“外资三法”关于外商投资企业审批等规定，试行准入前国民待遇加负面清单管理方式。2016年，根据自由贸易试验区取得的可复制推广的经验，全国人大常委会对“外资三法”作出修改，将自由贸易试验区的改革试点经验推广到全国。在新的形势下，“外资三法”已难以适应新时代改革开放实践的需要。“外资三法”主要规范外商投资企业的组织形式、组织机构和生产经营活动准则，随着社会主义市场经济体制和中国特色社会主义法律体系的建立和不断完善，“外资三法”的相关规范已逐步为公司法、合伙企业法、民法总则、物权法、合同法等市场主体和市场交易方面的法律所涵盖；同时，新形势下全面加强对外商投资的促进和保护、进一步规范外商投资管理的要求，也大大超出了“外资三法”的调整范围。外商投资法在总结改革开放40余年我国外商投资法律制度实践经验，特别是党的十八大以来全面深化改革开放实践经验的基础上，确立了新时代外商投资法律制度的基本框架，对外商投资的准入、促进、保护、管理等作出了统一规定，实现了外商投资法律制度的与时俱进、完善发展。“外资三法”都是由全国人民代表大会会议审议通过的，根据宪法和立法法的规定，对于全国人民代表大会制定的法律，需要废止的，应当由全国人民代表大会决定。

制定外商投资法，是贯彻落实以习近平同志为核心的党中央扩大对外开放、促进外商投资决策部署的重要举措，是我国外商投资法律制度与时俱进、完善发展的客观要求，是促进社会主义市场经济健康发展、实现经济高质量发展的客观要求。根据新时代改革开放新的形势和要求，制定外商投资法的指导思想是：高举中国特色社会主义伟大旗帜，以习近平新时代中国特色社会主义思想为指导，深入贯彻落实党的十九大和十九届二中、三中全会精神，适应推动形成全面开放新格局、构建开放型经济新体制的新形势新要求，坚持对外开放基本国策，坚持市场化、法治化、国际化的改革方向，创新外商投资管理制度，确立新时代外商投资法律制度基本框架，为推动高水平对外开放提供有力法治保障，促进社会主义市场经济健康发展。贯彻上述指导思想，外商投资立法着重遵循和体现以下重要原则：一是突出积极扩大对外开放和促进外商投资的主基调；二是坚持外商投资基础性法律的定位；三是坚持中国特色和国际规则相衔接；四是坚持内外资一致。

条文解读

按照本条的规定，外商投资法的立法目的，主要包括以下几个方面：

第一，进一步扩大对外开放，推动形成全面开放新格局。改革开放40余年来，党和国家面貌实现历史性变革、取得历史性成就，开放已成为当代中国的鲜明标识。习近平总书记多次强调，“开放带来进步，封闭必然落后”[①]“过去40年中国经济发展是在开放条件下取得的，未来中国经济实现高质量发展也必须在更加开放的条件下进行”[②]“中国开放的大门不会关闭，只会越开越大”[③]。在新的历史起点上，需要进一步扩大对外开放，积极构建开放型经济新体制、推动形成全面开放新格局，继续以开放促改革、促发展。从国际形势来看，当前世界经济正在经历深刻调整，

---

① 来源网址：http：//www.xinhuanet.com/2018－12/18/c_1123872025.htm，最后访问日期：2019年10月30日。

② 来源网址：http：//theory.people.com.cn/n1/2018/1130/c40531－30433660.html，最后访问日期：2019年10月30日。

③ 来源网址：http：//www.chinanews.com/gn/2018/06－21/8543415.shtml，最后访问日期：2019年10月30日。

保护主义、单边主义抬头，经济全球化遭遇波折，我们正面临百年未有之大变局。在这样的背景下，更加需要坚持对外开放的基本国策，适应和把握经济全球化的历史大势，紧紧抓住和用好战略机遇期，在经济全球化中抢占先机、赢得主动。

外商投资法律制度是扩大对外开放的重要法治保障。制定外商投资法，全面实行准入前国民待遇加负面清单管理制度，加强对外商投资的促进和保护，是推动我国外商投资法律制度与时俱进、完善发展的重要举措，有利于营造良好营商环境，有利于增强外商来中国投资、在中国发展的信心，有利于推动新一轮高水平对外开放。

第二，积极促进外商投资，保护外商投资合法权益，规范外商投资管理。制定外商投资法，就是要在新的历史条件下表明中国坚定不移扩大对外开放的立场和决心，展现积极的开放姿态，体现推动新一轮高水平对外开放的时代特征。外商投资法充分体现了扩大对外开放和促进外商投资的主基调，是一部外商投资的促进法、保护法。对于外国投资者、外商投资企业关注的问题，外商投资法都积极给予回应。比如，规定外国投资者、外商投资企业可以依法享受优惠待遇，强化外商投资的知识产权保护，规定国家保障外商投资企业依法平等参与标准制定工作、保障外商投资企业依法通过公平竞争参与政府采购活动等，都是当前在促进和保护外资方面非常有针对性的规定。

在全面加强外商投资促进和保护的同时，外商投资法也与国际通行的经贸规则、营商环境相衔接，在外商投资国民待遇、征收征用、利润汇出、信息报告、安全审查、反垄断审查等方面，规范外商投资管理，规定了相应的外商投资管理制度。外商投资法的相关管理规定，与国际规则、其他国家的外商投资管理规定是基本一致的。

第三，促进社会主义市场经济健康发展。中国特色社会主义进入新时代，我国经济已由高速增长阶段转向高质量发展阶段。党的十九大明确提出，实行高水平的贸易和投资自由化便利化政策，全面实行准入前国民待遇加负面清单管理制度，大幅度放宽市场准入，扩大服务业对外开放，保护外商投资合法权益；凡是在我国境内注册的企业，都要一视同仁、平等对待。我国发展仍处于并将长期处于重要战略机遇期，我国与其他国家开放合作、互利共赢的空间十分广阔。面向未来，我国经济要实现高质量发展，就必须抓住机遇、用好机遇，以扩大开放推动改革、带动创新、促进发展。习近平总书记在阐述新发展理念时指出："开放发展注重的是解决发展内外联动问题。"① 外商投资法着眼于增强发展的内外联动性，明确规定了多项促进内外资企业规则统一、促进公平竞争方面的内容。这些促进内外资企业规则统一的规定，有利于贯彻一视同仁、平等

---

① 来源网址：http：//theory. people. com. cn/GB/68294/428935/，最后访问日期：2019 年 10 月 30 日。

对待的原则，营造稳定、透明、可预期和公平竞争的市场环境，也有利于我国各类企业平等参与，在全面开放新格局中实现更高水平、更高质量的发展。

外商投资法的立法依据是宪法。宪法第十八条规定："中华人民共和国允许外国的企业和其他经济组织或者个人依照中华人民共和国法律的规定在中国投资，同中国的企业或者其他经济组织进行各种形式的经济合作""在中国境内的外国企业和其他外国经济组织以及中外合资经营的企业，都必须遵守中华人民共和国的法律。它们的合法的权利和利益受中华人民共和国法律的保护。"上述规定，以国家根本法的形式，为外商来华投资提供了宪法保障，具有重大政治意义和法律意义。外商投资法根据宪法制定，对外商投资的准入、促进、保护、管理等作出了统一规定，充分体现了宪法精神，特别是2018年宪法修正案"贯彻新发展理念""坚持互利共赢开放战略"的精神，是对宪法第十八条规定进行的创新性、拓展性实践，符合人民期待、发展规律和时代要求，符合宪法规定和精神，体现了宪法的适应性。

相关规定

《中华人民共和国宪法》第十八条

第二条 在中华人民共和国境内（以下简称中国境内）的外商投资，适用本法。

本法所称外商投资，是指外国的自然人、企业或者其他组织（以下称外国投资者）直接或者间接在中国境内进行的投资活动，包括下列情形：

（一）外国投资者单独或者与其他投资者共同在中国境内设立外商投资企业；

（二）外国投资者取得中国境内企业的股份、股权、财产份额或者其他类似权益；

（三）外国投资者单独或者与其他投资者共同在中国境内投资新建项目；

（四）法律、行政法规或者国务院规定的其他方式的投资。

本法所称外商投资企业，是指全部或者部分由外国投资者投资，依照中国法律在中国境内经登记注册设立的企业。

条文主旨

本条是关于本法适用范围的规定。

立法背景

“外资三法”主要是规范外国投资者在中国境内设立企业所进行的投资。本法在总结改革开放40余年来利用外资工作实践经验的基础上，立足我国国情并吸收借鉴国际通行做法，明确了外商投资的定义，进一步拓宽了外商投资的范围，除设立外商投资企业外，还增加了并购投资、项目投资等情形，并授权法律、行政法规或者国务院规定其他方式的外商投资。

条文解读

本条以定义加列举的形式对外商投资的范围作了规定：

一是明确规定，外商投资，是指外国的自然人、企业或者其他组织直接或者间接在中国境内进行的投资活动。这是一个比较全面的定义，可以涵盖实践中各种形式的外商投资活动。

二是对外商投资的具体情形作了列举，并规定了兜底条款，主要包括：

1. 外国投资者单独在中国境内设立外商投资企业，或者与其他外国投资者或境内投资者共同在中国境内设立外商投资企业。即“绿地投资”，这是目前实践中最常见的外商投资方式。

2. 外国投资者取得中国境内企业的股份、股权、财产份额或者其他类似权益。即“并购投资”，如取得境内股份有限公司或有限责任公司的股权，取得境内合伙企业的财产份额，以并购的形式控制境内企业等。

3. 外国投资者单独或者与其他投资者共同在中国境内投资新建项目。这是从项目投资的角度对外商投资所作的界定，外国投资者在中国境内投资新建固定资产投资项目等，如建立生产线、合作开发自然资源，无论是否设立企业或并购境内企业，都属于外商投资。

4. 法律、行政法规或者国务院规定的其他方式的投资。法律对外商投资方式的列举不可能穷尽，实践中还可能出现其他方式的外商投资。规定兜底条款，可以为国务院及其相关部门对其他方式的外商投资实施管理留出空间。同时，为保证外资政策的稳定、可预期，本法列明之外的其他方式的外商投资，应由法律、行政法规或者国务院的规定予以确定。

本条还对外商投资企业进行了界定，即全部或者部分由外国投资者投资，依照中国法律在中国境内经登记注册设立的企业。外商投资法对之前的外商投资管理体制作出调整，取消了“外资三法”规定的商务主管部门对外商投资企业的设立管理制度。外国投资者设立外商投资企业，与设立内资企业一样，可直接适用公司法、合伙企业法等市场主体法律的规定，经企业登记注册程序即可设立，不再实行企业设立审批或者备案管理制度。

关于港澳台投资的法律适用问题。港澳台地区属于中国的一部分，港澳台投资在性质上不属于外国投资；同时，港澳台地区属于单独关税区，港澳同胞到内地投资、台湾同胞到大陆投资不完全等同于境内投资，属于特殊国内投资。国家对港澳台投资一直实行特殊的政策和管理，并在国务院行政法规、部门规章和有关规范性文件中规定，对港澳台投资，参照或者比照适用有关外商投资的规定。对台湾同胞投资，国家专门制定了台湾同胞投资保护法。同时，国家还对内地与港澳台地区在经贸方面作出特殊安排。在外商投资法中不对港澳台投资法律适用问题作出明确规定，继续由国务院行政法规、部门规章和有关规范性文件来明确参照或者比照适用外商投资的有关规定，是适当的、可行的，不会改变也不会影响多年来行之有效的制度安排和实际运作，不会因此对港澳台投资造成任何妨碍或者限制。据此，本法没有对港澳台投资的适用问题作出规定。

相关规定

《中华人民共和国外商投资法》第三十一条

第三条　国家坚持对外开放的基本国策，鼓励外国投资者依法在中国境内投资。

国家实行高水平投资自由化便利化政策，建立和完善外商投资促进机制，营造稳定、透明、可预期和公平竞争的市场环境。

条文主旨

本条是关于鼓励外商投资的原则规定。

立法背景

改革开放 40 余年来，我国坚定不移地实行对外开放，发展对外贸易、利用外商投资、实施走出去战略，以开放促改革、促发展、促创新，对外贸易和内外双向投资都取得了巨大成就，实现了由封闭半封闭到全方位开放的历史转变。在新的历史起点上，应当继续坚持对外开放的基本国策，继续实行积极主动的开放政策。应当认识到，坚持对外开放是我国立足自身发展的内在需要，是必须长期坚持的指导方针。特别是在当前世界经济正在经历深刻调整，保护主义、单边主义抬头，经济全球化遭遇波折，多边主义和自由贸易体制受到冲击的大背景下，更要坚定不移地推进深化改革，扩大开放，实现经济高质量发展。

条文解读

本条第一款的规定，首次在法律层面确认对外开放为基本国策，明确规定鼓励外国投资者在境内投资，鲜明展现了我国坚定不移推动新一轮高水平对外开放的原则和立场。

本条第二款的规定，强调要通过实行高水平投资自由化便利化政策、营造国际一流营商环境，来吸引更多外商投资。习近平总书记指出，投资环境就像空气，空气清新才能吸引更多外资。过去，中国吸引外资主要依靠优惠政策，现在要更多靠改善投资环境。[①] 当前，我国对外开放和利用外资工作面临新的形势，国际引资竞争日趋激烈，不

---

① 来源网址：http：//www. xinhuanet. com/2018 - 04/10/c_129847209. htm，最后访问日期：2019 年 10 月 30 日。

少国家要素成本比我国更低，政策优惠力度比我国更大。我们要培育引资竞争新优势，吸引更多、更好的外商投资，不能靠攀比优惠政策，而是要积极营造法治化、国际化、便利化的营商环境。党的十九大报告提出，“推动形成全面开放新格局”“实行高水平的贸易和投资自由化便利化政策”“凡是在我国境内注册的企业，都要一视同仁、平等对待”。《中共中央、国务院关于构建开放型经济新体制的若干意见》提出，“保持外资政策稳定、透明、可预期，营造规范的制度环境和稳定的市场环境”。本条第二款着眼于营造市场化、法治化、便利化的投资环境，作出以下规定：一是强调国家实行高水平投资自由化便利化政策，加强同国际经贸规则对接，建立和完善外商投资促进机制，创造积极促进和便利外商投资的环境。本法第二章“投资促进”，在提高外商投资政策的透明度、保障外商投资企业平等参与市场竞争、加强外商投资服务、依法依规鼓励和引导外商投资等方面对促进外商投资的机制和措施作出了专章规定。二是强调保持外资政策的稳定、透明、可预期，为外国投资者提供明确、清晰的制度环境，增强外国投资者来华投资、在华发展的信心。三是强调要完善公平竞争的市场环境，对依法设立的外商投资企业一视同仁、平等对待，按照内外资一致的原则对外商投资企业实施管理，为内外资企业公平参与市场竞争创造良好的条件和环境。

第四条 国家对外商投资实行准入前国民待遇加负面清单管理制度。

前款所称准入前国民待遇，是指在投资准入阶段给予外国投资者及其投资不低于本国投资者及其投资的待遇；所称负面清单，是指国家规定在特定领域对外商投资实施的准入特别管理措施。国家对负面清单之外的外商投资，给予国民待遇。

负面清单由国务院发布或者批准发布。

中华人民共和国缔结或者参加的国际条约、协定对外国投资者准入待遇有更优惠规定的，可以按照相关规定执行。

条文主旨

本条是关于外商投资准入管理的规定。

立法背景

党的十八届三中全会决定提出，“探索对外商投资实行准入前国民待遇加负面清单的管理模式”。党的十九大报告提出，“全面实行准入前国民待遇加负面清单管理制度”。2013 年 8 月，全国人大常委会作出决定，授权国务院在中国上海自贸试验区内暂时调整有关法律关于外商投资企业审批的规定，试行准入前国民待遇加负面清单的管理模式。2014 年 12 月，全国人大常委会再次作出决定，授权国务院在更大范围的自由贸易试验区内试行。2016 年 9 月，全国人大常委会作出决定，修改外资相关法律，将有关自贸试验区试行的对外商投资企业设立审批等实行准入前国民待遇加负面清单的管理模式复制推广到全国。外商投资法创新外资管理模式，正式在法律中确立了外商投资准入前国民待遇加负面清单管理制度，取消了外商投资企业的审批备案管理，充分体现了“中国开放的大门不会关闭，只会越开越大”的要求。中国坚持扩大开放的步伐越来越坚定。

条文解读

一、关于准入前国民待遇加负面清单管理制度

国民待遇，是指东道国对在本国境内从事相关活动的外国组织或者个人给予不低于本国组织或者个人的待遇。国际投资领域的国民待遇，是指东道国对外国投资者及其投资给予不低于本国投资者及其投资所享有的待遇。依据国际投资的理论与实践，国际投资活动通常可划分为八个阶段，即投资的设立、取得、扩大、管理、经营、运营、出售和其他处置。其中，投资的设立、取得、扩大，属于外资进入东道国之前的阶段，或者称为“外资准入阶段”；投资的管理、经营、运营、出售和其他处置，属于外资进入东道国之后的阶段，或者称为“外资运营阶段”。国际投资领域中的国民待遇，一般是指在外资运营阶段享有国民待遇，要求内外资在市场竞争中处于公平地位，通常不包括外资准入阶段的国民待遇。“准入前国民待遇”，要求将

国民待遇的适用范围从准入后扩大到准入前，涵盖投资的整个周期。“准入前国民待遇”的概念最早是1992年在美国与加拿大、墨西哥三国签订的《北美自由贸易协定》中首次提出的，该协定将国民待遇原则的适用延伸到外资准入阶段。此后，美国在国际谈判、国际投资协定的签署过程中均坚持准入前国民待遇立场。同时，国际投资领域的国民待遇并不是绝对的，为减轻外资对本国经济和产业结构的冲击，维护本国的国家利益和发展利益，国际投资协定大都规定了一些例外条款，允许基于国家安全、金融审慎、信息报告等原因采取内外资不一致的差异化措施。对外商投资给予准入前国民待遇，实际上是要求内外资有平等进入某一市场领域的机会，一定程度上降低了东道国外资准入的“门槛”，扩大了开放程度，但同时也加大了外资监管难度，可能对东道国经济和产业结构形成冲击。因此，在实行准入前国民待遇的同时，一般以“负面清单”形式列明对外国投资者及其投资的特别管理措施，明确禁止或者限制外国投资者投资的领域。“负面清单”也属于国民待遇义务的例外措施。

2013年之前，我国在国际投资协定谈判中未承诺给予“准入前国民待遇”，仅规定了“准入后国民待遇”。2013年7月第五轮中美战略与经济对话期间，中美双方同意以准入前国民待遇加负面清单制度模式为基础开展中美双边投资协定的实质性谈判，标志着中国参与国际投资规则制定立场的重大转变。2013 年 8 月，全国人大常委会作出决定，授权国务院在中国上海自贸试验区内暂时调整有关法律关于外商投资企业审批的规定，试行准入前国民待遇加负面清单的管理模式。2013 年 11 月，党的十八届三中全会决定提出，“探索对外商投资实行准入前国民待遇加负面清单的管理模式”。2014 年 12 月，全国人大常委会再次作出决定，授权国务院在更大范围的自由贸易试验区内试行。2016 年 9 月，全国人大常委会作出决定，修改外资相关法律，将有关自贸试验区试行的对外商投资企业设立审批等实行准入前国民待遇加负面清单的管理模式复制推广到全国。2017 年 10 月，党的十九大报告提出“全面实行准入前国民待遇加负面清单管理制度”。2018 年 11 月，习近平总书记在首届中国国际进口博览会开幕式上的讲话提出，“全面深入实施准入前国民待遇加负面清单管理制度”①。2019 年 3 月，全国人民代表大会审议通过外商投资法，正式在法律中确立了外商投资的准入前国民待遇加负面清单管理制度。将国民待遇由准入后调整到准入阶段，体现了推动新一轮高水平对外开放的要求。

本条规定，国家对外商投资实行准入前国民待遇加负面清单制度，并明确了相关定义：准入前国民待遇，是指在外商投资的准入阶段，对外国投资者及其投资给予不低

① 来源网址：http：//www.xinhuanet.com//politics/2018－11/05/c_1123664692.htm，最后访问日期：2019 年 10 月 30 日。

于本国投资者及其投资的待遇。根据这一规定，可以给予内外资相同待遇，也可以根据引资需要给予外资一定的优惠。负面清单，是指国家规定在特定领域对外商投资实施的准入特别管理措施，负面清单由国务院发布或者批准发布。本法第二十八条进一步明确，外商投资准入负面清单规定禁止投资的领域，外国投资者不得投资；外商投资准入负面清单规定限制投资的领域，外国投资者进行投资应当符合负面清单规定的条件。

实践中，1995 年起国务院发布（或批准发布）并适时修订《外商投资产业指导目录》，对外商投资的鼓励类、限制类、禁止类产业领域作出具体规定。2017 年 6 月，经国务院批准，国家发改委、商务部发布《外商投资产业指导目录（2017 年修订)》，其中将限制类和禁止类产业领域列为“外商投资准入特别管理措施（外商投资准入负面清单)”。2018 年 6 月，经国务院批准，国家发改委、商务部发布了《外商投资准入特别管理措施（负面清单）（2018 年版)》，取代了《外商投资产业指导目录（2017 年修订)》中的“外商投资准入特别管理措施（外商投资准入负面清单)”，对禁止和限制外商投资的领域作出列举，并统一列出股权要求、高管要求等外商投资准入方面的特别管理措施，共有 48 条。2019 年 6 月，经国务院批准，国家发改委、商务部发布了《外商投资准入特别管理措施（负面清单）(2019 年版)》，取代了 2018 年版的负面清单，将外商投资准入方面的特别管理措施，由 48 条缩减到 2018 年的 40 条。此外，为在自由贸易试验区探索深化改革开放经验，国务院办公厅于 2015 年 4 月印发《自由贸易试验区外商投资准入特别管理措施（负面清单）》；此后，于 2017 年 6 月、2018 年 6 月分别发布了自贸试验区负面清单 2017 年版和 2018 年版，逐步缩减清单范围，由 2015 年的 122 条缩减到 2018 年的 45 条。2019 年 6 月，与适用于全国范围的外资准入负面清单同步，发布了自贸试验区负面清单 2019 年版，将特别管理措施进一步缩减到 37 条。外商投资准入负面清单的持续缩减，充分体现了"中国开放的大门不会关闭，只会越开越大"的要求，充分体现了中国坚持扩大开放的步伐越来越坚定。

二、关于相关国际条约、协定的适用

严格履行缔结或者参加的国际条约、协定，是国家的基本义务，也是对国际社会的承诺。为此，本条第四款规定，中华人民共和国缔结或者参加的国际条约、协定对外国投资者准入待遇有更优惠规定的，可以按照相关规定执行。这一规定，体现了 2018 年宪法修正案规定的"坚持互利共赢开放战略"的精神，符合坚持对外开放的基本国策。实践中，国务院发布的外商投资准入负面清单中均规定，我国与有关国家签订的自由贸易区协议和投资协定，以及我国参加的国际条约对符合条件的投资者有更优惠的开放措施的，按照相关协议或协定的规定执行。

相关规定

《中华人民共和国外商投资法》第二十八条、第三十六条

第五条　国家依法保护外国投资者在中国境内的投资、收益和其他合法权益。

条文主旨

本条是关于保护外国投资者权益的原则规定。

立法背景

本法立足于推动新一轮高水平对外开放的需要，突出积极扩大对外开放和促进外商投资的主基调，是外商投资的促进法、保护法。本条对依法保护外国投资者合法权益作了原则规定。

条文解读

按照本条的规定，国家依法保护外国投资者在境内的投资（如外国投资者投资设立企业、取得的境内企业的股份和股权、投资建设的项目）、投资所得收益（如取得的利润、资本收益、资产处置所得、知识产权许可使用费）以及依照中国法律应当予以保护的其他合法权益（如依法获得的补偿或者赔偿）等。同时，本法第三章“投资保护”对外商投资保护相关制度作了具体规定，加强对外商投资

企业产权的保护，如国家对外国投资者的投资不实行征收，但在特殊情况下，国家为了公共利益的需要，可以依照法律规定对外国投资者的投资实行征收或者征用，征收、征用应当依照法定程序进行，并及时给予公平、合理的补偿。外国投资者在中国境内的出资、利润、资本收益、资产处置所得、知识产权许可使用费、依法获得的补偿或者赔偿、清算所得等，可以依法以人民币或者外汇自由汇入、汇出。国家保护外国投资者和外商投资企业的知识产权，鼓励基于自愿原则和商业规则开展技术合作，行政机关及其工作人员不得利用行政手段强制转让技术。行政机关及其工作人员对于履行职责过程中知悉的外国投资者、外商投资企业的商业秘密，应当依法予以保密，不得泄露或者非法向他人提供，等等。

第六条 **在中国境内进行投资活动的外国投资者、外商投资企业，应当遵守中国法律法规，不得危害中国国家安全、损害社会公共利益。**

条文主旨

本条是关于外国投资者、外商投资企业义务的原则规定。

立法背景

外国投资者、外商投资企业进行投资必须遵守东道国法律，不得危害东道国国家安全、损害东道国社会公共利益，是各国对外商投资的普遍要求，也是坚持内外资一致的必然要求。本条对外国投资者、外商投资企业的相关义务作了原则规定。

条文解读

按照本条的规定，外国投资者来中国投资，在中国设立外商投资企业进行生产经营活动，应当遵守中国的法律法规，依法投资、依法经营。同时，本条强调外国投资者、外商投资企业从事投资活动、开展生产经营，不得危害中国国家安全。按照国家安全法的规定，国家安全是指国家政权、主权、统一和领土完整、人民福祉、经济社会可持续发展和国家其他重大利益相对处于没有危险和不受内外威胁的状态，以及保障持续安全状态的能力；包括外商投资企业在内的各类企业事业组织，都有维护国家安全的责任和义务。外国投资者、外商投资企业开展相关活动，不得对中国国家安全造成危害。民法通则、民法总则对民事活动不得损害社会公共利益作了规定，外国投资者、外商投资企业从事投资活动、开展生产经营，也同样应当遵守相关规定，不得对社会公共利益造成损害。

相关规定

《中华人民共和国国家安全法》；《中华人民共和国民法通则》；《中华人民共和国民法总则》

第七条 国务院商务主管部门、投资主管部门按照职责分工，开展外商投资促进、保护和管理工作；国务院其他有关部门在各自职责范围内，负责外商投资促进、保护和管理的相关工作。

县级以上地方人民政府有关部门依照法律法规和本级人民政府确定的职责分工，开展外商投资促进、保护和管理工作。

条文主旨

本条是关于外商投资管理部门的原则规定。

立法背景

本法是外商投资的基础性法律，对外商投资的准入、促进、保护、管理等制度作出了全面规定。外商投资活动涉及企业设立登记、投资项目核准备案、行业许可、用工劳动保护、社会保险、税收、会计、外汇、反垄断审查等多个方面，相应涉及政府多个部门。本条对外商投资管理部门作了原则规定。

条文解读

本条对国务院、县级以上地方人民政府相关部门，在外商投资方面工作的职责作了原则规定。在中央层面，国务院商务主管部门、投资主管部门按照职责分工，开展外商投资的促进、保护和管理工作；国务院有关部门在各自职责范围内，负责外商投资促进、保护和管理的相关工作。上述相关部门在外商投资促进、保护和管理方面的具体职责划分，按照相关法律法规以及国务院批准的相关部门主要职责内设机构和人员编制的规定（“三定”规定）等执行。在地方层面，县级以上地方人民政府相关部门的具体职责划分，依照法律法规和本级人民政府确定的职责分工执行。同时，本法第三十四条对外商投资信息报告制度作了规定，要求外国投资者或者外商投资企业向商务主管部门报送投资信息，第三十七条规定由商务主管部门对违反信息报告义务的行为进行处罚，明确了外商投资信息报告事项由商务主管部门负责管理。

相关规定

《中华人民共和国外商投资法》第三十四条、第三十七条

第八条　外商投资企业职工依法建立工会组织，开展工会活动，维护职工的合法权益。外商投资企业应当为本企业工会提供必要的活动条件。

条文主旨

本条是关于外商投资企业工会活动的规定。

立法背景

加强工会组织的建设，建立健全和谐的劳动关系，对于企业健康发展和职工合法权益保护都具有重要意义。本条对外商投资企业建立工会组织、开展工会活动作出了衔接性规定。

条文解读

我国现行的工会法对工会组织及其权利义务作了全面规定。工会法规定，“在中国境内的企业、事业单位、机关中以工资收入为主要生活来源的体力劳动者和脑力劳动者，不分民族、种族、性别、职业、宗教信仰、教育程度，都有依法参加和组织工会的权利。任何组织和个人不得阻挠和限制”，“各级人民政府和企业、事业单位、机关应当为工会办公和开展活动，提供必要的设施和活动场所等物质条件”。外商投资企业应当遵守工会法的相关规定。本条对此作出衔接性的规定，强调外商投资企业职工有权依照工会法的规定建立工会组织，开展工会活动，维护职工的合法权益；同时强调，外商投资企业应当按照工会法的规定，为本企业工会提供必要的活动条件。

相关规定

《中华人民共和国工会法》

第二章　投资促进

第九条　外商投资企业依法平等适用国家支持企业发展的各项政策。

条文主旨

本条是关于外商投资企业平等适用国家相关政策的规定。

立法背景

利用外资是我国对外开放基本国策和构建开放型经济新体制的重要内容，当前我国经济已由高速增长阶段转向高质量发展阶段，利用外资面临新形势、新挑战。为营造更加公平、透明、便利、有吸引力的投资环境，进一步促进外商投资稳定增长，党中央多次强调，对内外资企业要一视同仁、公平对待，要做到法律上平等、政策上一致。习近平总书记在党的十九大报告中指出，“凡是在我国境内注册的企业，都要一视同仁、平等对待”。为落实党中央的决策，针对实践中存在的一些问题，本条明确规定“外商投资企业依法平等适用国家支持企业发展的各项政策”，将内外资一致原则具体化、法治化，公平公正地对待包括外商投资企业在内的各类市场主体。

条文解读

一、外商投资企业平等适用法律法规中支持企业发展的政策

国家关于支持企业发展的一些政策已经通过立法程序成为法律法规，成为国家意志，成为全社会必须普遍遵循的活动规范、行为准则，这些法律化的支持企业发展的政策平等适用于外商投资企业。例如，2007 年第十届全国人民代表大会第五次会议通过企业所得税法，统一了对内外资企业的所得税政策，规定国家对重点扶持和鼓励发展的产业和项目，给予企业所得税优惠。符合条件的小型微利企业，减按 20% 的税率征收企业所得税，国家需要重点扶持的高新技术企业，减按 15% 的税率征收企业所得税等税收优惠措施同等适用于外商投资企业。又如，符合中小企业促进法规定的中小型外商投资企业，同等适用该法关于中小企业财税支持、融资促进等优惠政策措施的规定；对符合条件的小型微型企业按照规定实行缓征、减征、免征企业所得税、增值税等措施，简化税收征管程序，减轻小型微型企业税收负担。

二、外商投资企业平等适用其他形式的支持企业发展的政策

除已通过立法程序成为法律法规规范的政策外，外商投资企业依法平等适用国家以其他形式出台的支持企业发展的各项政策。这里主要是指党中央、国务院制定的关于支持企业发展的方针、政策，以及国务院有关部门为落实党中央、国务院部署出台的具体政策措施，包括综合性政策措施、财税外汇金融政策措施和产业政策措施。

2010年4月，国务院颁布的《关于进一步做好利用外资工作的若干意见》中明确提出“国家产业调整和振兴规划中的政策措施同等适用于符合条件的外商投资企业”。2017年1月，国务院颁布的《关于扩大对外开放积极利用外资若干措施的通知》进一步指出：外商投资企业和内资企业同等适用“中国制造2025”战略政策措施；外商投资企业与内资企业同等适用相关用地政策。

相关规定

《中华人民共和国企业所得税法》；《中华人民共和国中小企业促进法》

第十条 制定与外商投资有关的法律、法规、规章，应当采取适当方式征求外商投资企业的意见和建议。

与外商投资有关的规范性文件、裁判文书等，应当依法及时公布。

条文主旨

本条是关于提高外商投资政策透明度的规定。

立法背景

本法第三条第二款规定，国家实行高水平投资自由化便利化政策，建立和完善外商投资促进机制，营造稳定、透明、可预期和公平竞争的市场环境。本条对营造“透明”的市场环境从政策层面提供了具体保障，即从两个方面强调外商投资政策应该公开透明：首先，制定与外商投资有关的法律、法规、规章，应当采取适当方式征求外商投资企业的意见和建议；其次，与外商投资有关的规范性文件、裁判文书等，应当依法及时公布。

条文解读

一、应当征求外商投资企业意见和建议的范围和要求

与外商投资有关的法律、法规、规章，是外商投资企业必须遵循的规范，直接关系其切身利益，因此在制定过程中应当采取适当方式征求外商投资企业的意见和建议。这是贯彻科学立法、民主立法、依法立法的必然要求。

1. 制定与外商投资有关的法律

根据宪法第五十八条的规定，全国人民代表大会和全国人大常委会行使国家立法权。根据立法法第三十七条的规定，列入常委会会议议程的法律案，应当在常委会会议后将法律草案及其起草、修改的说明等向社会公布，征求意见，但是经委员长会议决定不公布的除外。向社会公布征求意见的时间一般不少于30日；征求意见的情况应当向社会通报。因此，根据上述规定及本条第一款要求，全国人大及其常委会制定与外商投资有关的法律，应当采取适当方式征求包括外商投资企业在内的社会各界的意见和建议。

外商投资法是外商投资领域的基础性法律，和外商投资企业息息相关，其制定过程一直受到外商投资企业密切关注。在草案提交全国人大常委会审议后，常委会法制工作委员会立即向包括外商投资企业在内的各方广泛征求意见。2018年12月26日至2019年2月24日，外商投资法草案在中国人大网公布，征求包括外商投资企业在内的社会公众意见，为期60天。其间，法工委专门召开座谈会听取有关外国商会和部分外商投资企业的意见，还到中国（上海）自由贸易试验区进行调研，召开座谈会听取有关部门、专家学者以及部分外国商会、外商投资企业的意见和建议。广泛征集的意见和建议，为科学制定外商投资法提供了依据。

2. 制定与外商投资有关的法规规章

国务院、有关部门和地方制定与外商投资有关的实施性、配套性法规和规章，也应当采取适当方式征求外商投资企业的意见和建议。

与外商投资有关的法规，包括行政法规和地方性法规。国务院制定的行政法规主要涉及为执行法律的规定需要制定行政法规的事项和属于其职权中的行政管理的事项。根据立法法第六十七条规定，行政法规在起草过程中，应当广泛听取有关机关、组织、人民代表大会代表和社会公众的意见，听取意见可以采取座谈会、论证会、听证会等多种形式。行政法规草案应当向社会公布，征求意见，但是经国务院决定不公布的除外。根据立法法的上述要求和本条规定，国务院制定与外商投资有关的行政法规，应当采取立法法规定的方式征求外商投资企业的意见和建议。地方性法规涉及为执行法律、行政法规的规定，需要根据本行政区域的实际情况作具体规定的事项以及属于地方性事务需要制定地方性法规的事项。根据本条规定，制定与外商投资有关的地方性法规，应当采取适当方式征求外商投资企业的意见和建议。

与外商投资有关的规章，包括国务院部门规章和地方政府规章。国务院各部、委员会、中国人民银行、审计署和具有行政管理职能的直属机构，可以根据法律和国务院的行政法规、决定、命令，在本部门的权限范围内，制定规章；部门规章规定的事项应当属于执行法律或者国务院的行政法规、决定、命令的事项。省、自治区、直辖市和设区的市、自治州的人民政府，可以根据法律、行政法规和本省、自治区、直辖市的地方性法规，制定规章；地方政府规章涉及为执行法律、行政法规、地方性法规的规定需要制定规章的事项以及属于本行政区域的具体行政管理事项。根据本条规定，制定与外商投资有关的国务院部门规章和地方政府规章，应当采取适当方式征求外商投资企业的意见和建议。

二、采取适当方式征求外商投资企业的意见和建议

制定与外商投资有关的法律、法规、规章，应当科学合理地选择征求意见的对象，一方面要注意征求意见的广泛性，另一方面要科学评估拟制定的法律、法规、规章对外商投资企业可能产生的影响及其程度、范围；对外商投资企业切身利益或权利义务有重大影响的，要充分听取有代表性的外商投资企业及相关协会、商会的意见。根据需要，征求意见的方式可以采取召开座谈会、听证会、论证会，实地调研，分发、邮寄问卷，开通征求意见工作平台、网上公开征求意见等多种形式。充分利用网上政务平台、移动客户端、政务服务中心等线上或线下载体，全面了解外商投资企业及相关协会、商会在与外商投资相关的制度建设方面的诉求。

座谈会是一种有效的征求意见方式，其特点是便于深入讨论问题，特别是对一些重点、难点问题比较容易通过讨论达成共识。与外商投资相关的法律、法规、规章草案的起草单位、审议机关或者审议机关的工作机构根据需要，可以邀请有关外商投资企业，对草案的内容进行座谈讨论、发表意见。例如，此次外商投资法的立法过程中，全国人大常委法制工作委员会专门召开座谈会听取部分外国商会和外商投资企业对外商投资法草案的意见。在座谈会过程中，法工委详细介绍外商投资法立法背景、目的、适用范围，积极引导参会的商会和企业围绕主要问题进行充分有效的讨论，取得了很好的效果，这种开门立法的方式得到了外商投资企业的肯定和欢迎。

采取适当方式征求外商投资企业的意见和建议，这样制定出来的与外商投资有关的法律、法规、规章才更有针对性、有效性和可操作性，也更容易为外商投资企业所接受，避免外商投资企业因为对草案内容和立法过程的不了解而产生不信任，影响未来相关法律、法规、规章的实施效果。

三、依法及时公布与外商投资有关的规范性文件、裁判文书等

为进一步增强外资政策的公开性和透明度，让外商投资企业及时了解与外商投资有关的各项政策和司法情况，本条第二款规定，与外商投资有关的规范性文件、裁判文书等，应当依法及时公布。

1. 依法及时公布与外商投资有关的规范性文件

这里所说的“与外商投资有关的规范性文件”是指与外商投资有关的所有法律、法规、规章以及最高人民法院、最高人民检察院作出的审判、检察工作中具体应用法律的解释等规范性文件。

立法法对于法律、法规、规章等规范性文件公布的方式、载体、范围均作出了明确要求。根据立法法第五十八条第二款、第七十一条第一款、第七十九条第一款、第八十六条第一款和第二款的规定，法律签署公布后，应及时在全国人大常委会公报和中国人大网以及在全国范围内发行的报纸上刊载；行政法规签署公布后，应及时在国务院公报和中国政府法制信息网以及在全国范围内发行的报纸上刊载；地方性法规公布后，应及时在本级人民代表大会常务委员会公报和中国人大网、本地方人民代表大会网站以及在本行政区域范围内发行的报纸上刊载；部门规章签署公布后，应及时在国务院公报或者部门公报和中国政府法制信息网以及在全国范围内发行的报纸上刊载；地方政府规章签署公布后，应及时在本级人民政府公报和中国政府法制信息网以及在本行政区域范围内发行的报纸上刊载。

最高人民法院、最高人民检察院作出的涉及外商投资的属于审判、检察工作中具体应用法律的解释［如《最高人民法院关于审理外商投资企业纠纷案件若干问题的规定（一）》］，由于在司法实践中普遍适用，对当事人的权利义务会产生实质性影响，也应当及时公布。这既是为了让利益相关方知悉自己的权利和义务，也可以对具体应用法律的解释起到监督作用，防止其脱离立法原意，以保证法律的有效实施。实践中，最高人民法院、最高人民检察院均通过各自的门户网络平台及时发布工作中具体应用法律的解释。

2. 依法及时公布与外商投资有关的裁判文书

裁判文书是人民法院审判活动、裁判理由、裁判依据和裁判结果的重要载体。及时公布与外商投资有关的裁判文书，不仅可以保障作为当事人的外商投资企业的知情权，而且便于外商投资企业行使监督权。对裁判的合法性、公正性进行监督，可以有效促进司法公正。

与外商投资有关的裁判文书公开的方式包括纸质的和电子文档的公开，纸质的如人民法院档案室提供给公众查阅、复制的裁判文书；裁判文书电子文档的公开主要是指在网络平台上的公开。2013 年，最高人民法院开通了“中国裁判文书网”，除法律规定不公开的裁判文书外，全国各级人民法院各类案件的裁判文书的电子文档均公布在该网络平台上，供公众检索、查阅。与外商投资有关的裁判文书应当通过上述纸质或电子方式公开，利益相关方可以获取、检索、查阅。

相关规定

《中华人民共和国宪法》第五十八条；《中华人民共和国立法法》

第十一条 国家建立健全外商投资服务体系，为外国投资者和外商投资企业提供法律法规、政策措施、投资项目信息等方面的咨询和服务。

条文主旨

本条是关于建立健全外商投资服务体系的规定。

立法背景

积极利用外资是我国对外开放战略的重要内容，为提高外商投资服务水平，进一步优化营商环境，更好地吸引外商投资，本条规定，国家建立健全外商投资服务体系，为外国投资者和外商投资企业提供法律法规、政策措施、投资项目信息等方面的咨询和服务。

条文解读

国家建立健全外商投资服务体系，是促进外商投资的重要举措，有利于全面、系统、多层次地为外商投资提供服务，十分必要。

本条对外商投资服务体系的具体要求是，为外国投资者和外商投资企业提供法律法规、政策措施、投资项目信息等方面的咨询和服务。

外商投资服务体系应当提供的服务内容包括提供法律法规、政策措施、投资项目信息等方面的咨询和服务。法律法规、政策措施、投资项目信息，是外国投资者和外商投资企业在我国投资和经营必须了解的基础性信息。有关单位应当采取多种形式，如建立网站发布信息，举办研讨会、投资洽谈会、项目信息发布会、行业推介会等，为外国投资者和外商投资企业提供全面、专业的法律法规、政策措施、项目信息等方面的咨询和服务。

关于法律法规咨询和服务。经过多年的法治建设，中国特色社会主义法律体系已经形成，涵盖法律、行政法规、地方性法规、自治条例、单行条例等多层次规范。涉及外商投资的法律法规数量众多，如公司法、企业所得税法、企业法人登记管理条例、企业信息公示暂行条例等。外国投资者来我国来投资、设立和经营外商投资企业，都必须准确地了解并遵守我国相关法律法规。

关于政策措施咨询和服务。党中央、国务院制定的关于外商投资的方针、政策，是我国利用外资工作的指导方向和行动指南，是对外商投资具有重要影响的制度因素。党的十八大以来党中央作出了关于扩大对外开放的决策部署，《中共中央 国务院关于构建开放型经济新体制的若干意见》《国务院关于进一步做好利用外资工作的若干意见》《国务院关于扩大对外开放积极利用外资若干措施的通知》《国务院关于促进外资增长若干措施的通知》《国务院关于积极有效利用外资推动经济高质量发展若干措施的通知》等重要文件确立了我国扩大开放的一系列新举措，内容涵盖大幅度放宽市场准入、进一步扩大开放、促进内外资公平竞争、加大吸引外资力度、创造更有吸引力的投资环境等方面。外商投资服务机构应当向外国投资者、外商投资企业提供相关政策措施的咨询和服务，帮助他们更好地了解制度背景，以便作出投资决策、合法经营。

关于投资项目信息咨询和服务。投资项目信息是外商投资的关键信息，有合适的投资项目，外商投资才能真正落地。外商投资服务机构，应当采取多种形式为外国投资者和外商投资企业提供投资项目信息咨询和服务，为外国投资者在我国投资牵线搭桥。随着互联网技术的发展，我国已经建立了多层级投资项目信息咨询和服务平台，提供大量丰富的投资项目信息。例如，国务院商务主管部门建立了统一的招商引资项目平台，形成“投资项目信息库”，方便外国投资者寻找合适的投资项目。

外商投资服务机构还可以向外国投资者、外商投资企业提供其他一些和外商投资有关的或者其希望了解的合理范围内的信息，如投资目的地的经济发展情况、风俗人情等信息。

第十二条　国家与其他国家和地区、国际组织建立多边、双边投资促进合作机制，加强投资领域的国际交流与合作。

条文主旨

本条是关于加强投资领域的国际交流与合作的规定。

立法背景

外商投资是国际投资的主要方式之一。国际投资不是单向和封闭的，资本的输入国和输出国是相对的。发达国家以资本输出为主，但同时也是资本输入国；一些新兴的发展中国家在资本输入的同时，其境外投资也迅速增加。为了促进国际投资，大多数国家都会签署双边、多边投资协议或者建立其他形式的投资促进合作机制，对投资自由化、投资促进、投资保护等投资规则问题作出规定。

我国历来十分重视投资领域的国际交流与合作，本着相互尊重、平等互信、互惠互利的原则，已经和许多国家、地区和国际组织建立了多边、双边投资促进合作机制。党的十八届三中全会作出了“加快同有关国家和地区商签投资协定”的决定，对加强投资领域的国际交流与合作提出了要求。十八大以来，我国在对外交往方面取得新进展，如实施共建“一带一路”倡议，发起创办亚洲基础设施投资银行，设立丝路基金，举办“一带一路”国际合作高峰论坛、亚太经合组织领导人非正式会议、二十国集团领导人杭州峰会、金砖国家领导人厦门会晤、亚信峰会等，为在投资领域开展国际交流与合作创造了良好的外部条件。

条文解读

一、与其他国家和地区建立多双边投资促进合作机制

（一）双边投资促进合作机制

我国建立双边投资促进合作机制的主要方式，是通过签订双边投资协定，对外国投资的范围和定义、投资准入、投资待遇、征收、避免双重征税、投资争议等涉及双边投

资的事项作出规定，为双方未来的贸易和投资确立开放、便利和规范的制度安排。双边投资协定的重点是对外国投资者的待遇和保护问题。我国签署的双边投资协定多为综合性投资协定。例如，1984 年与挪威签署了《中华人民共和国政府和挪威王国政府关于相互保护投资的协定》；1988 年与新西兰签署了《中华人民共和国政府和新西兰政府关于鼓励和相互保护投资协定》；2007 年与韩国签署《中华人民共和国政府和大韩民国政府关于促进和保护投资的协定》；等等。随着对外开放的不断深入发展，我国国际投资活动日益活跃，截至 2018 年，我国已经和 100 多个国家或地区签订了双边投资协定。

除综合性双边投资条约外，我国还签署了一些涉及某些专门问题的双边投资协定。例如，1980 年，我国与美国签署了《中华人民共和国和美利坚合众国关于投资保险和投资保证的鼓励投资协议和换文》，对美国投资者在我国境内进行投资以及投资保险等问题进行规范；1984 年，我国和加拿大签署了《中华人民共和国和加拿大共和国政府关于投资保险协议》，规范加拿大投资者在我国境内进行投资的政治风险保险问题。

在双边投资协定之外，有的双边投资促进合作机制还以谅解备忘录的形式体现。为推动与相关国家和地区的投资、促进合作，我国有关主管部门与多个国家和地区签署了双向投资促进合作谅解备忘录，通过加强投资信息共享、共同举办投资促进活动等方式，为双方投资提供服务和支持。例如，我国与澳大利亚签署了《中华人民共和国政府和澳大利亚政府关于投资便利化安排的谅解备忘录》。

（二）多边投资合作机制

多边投资促进合作机制主要是指在3个或3个以上国家间签署规范投资问题的国际条约。根据参加条约的国家的分布情况，多边投资促进合作机制又可以分为全球性多边投资条约和区域性多边投资条约。例如，我国政府于1990年2月9日签署了《关于解决国家和他国国民之间投资争端公约》（又称《华盛顿公约》），1993年2月6日正式对我国生效；我国于1988年4月30日加入了《多边投资担保机构公约》，同日对我国生效。

我国还积极参加一些区域性多边投资合作机制，例如，为落实我国与中东欧国家领导人共同签署的《中国—中东欧国家合作布加勒斯特纲要》相关内容，促进我国与中东欧国家的双向投资合作，建立了“中国—中东欧国家投资促进机构联系机制”。

二、与国际组织建立投资促进合作机制

国际组织对国际贸易的促进和规则制定发挥着重要作用。除了当今世界上最为重要的国际经济组织——世界贸易组织（WTO）之外，还有其他世界性、区域性和专门性的国际经济组织：世界性的国际经济组织有国际货币基金组织（IMF）、经济合作与发展组织（OECD）等；区域性

的国际经济组织有欧盟（EU）、亚太经合组织（APEC）、北美自由贸易区（NAFTA）等；专门性的国际经济组织有石油输出国组织（OPEC）、多边投资担保机构（MIGA）、解决投资争端国际中心（ICSID）等。

我国一直注意加强与国际组织在投资促进方面的沟通与合作，例如，我国政府与多边投资担保机构（MIGA）在1991年11月签署了《多边投资担保机构与中华人民共和国政府关于承保外国投资法律保护的协定》；2001年我国加入了《亚太贸易协定》；2002年签署了《中华人民共和国政府与东南亚国家联盟成员国政府全面经济合作框架协议》及其各分协定。

2001年12月11日，我国正式加入世界贸易组织，WTO制定的《与贸易有关的投资措施协定》（TRIMs）、《服务贸易总协定》（GATS）、《与贸易有关的知识产权协定》（TRIPS）和《补贴与反补贴措施协定》（SCM）等均涉及国际投资方面的问题。我国加入WTO之后，为全面遵守世贸组织规则、履行中国入世承诺，对涉外经贸法律法规进行了清理。在中央层面，清理法律法规和部门规章2300多件，在地方层面，清理地方性政策法规19万多件，覆盖投资、贸易和知识产权保护等多个方面。

外商投资企业已经成为推动我国经济社会发展的重要力量，对国民经济的贡献显著提升，同时也分享着我国经济发展的红利。实践证明，吸引外商投资离不开国际交流与合作。多双边投资促进合作机制的建立和发展为吸引外国投资提供了良好的营商环境，促进了外国投资的发展。

第十三条　国家根据需要，设立特殊经济区域，或者在部分地区实行外商投资试验性政策措施，促进外商投资，扩大对外开放。

条文主旨

设立特殊经济区域以及实行外商投资试验性政策措施。

立法背景

为促进和吸引外商投资，扩大对外开放，国家需要在一些特殊经济区域实行特殊的外资政策，或者在一些地区实行外商投资实验性政策措施，以积累可复制、可推广的经验，为全国范围内全面实施提供实践基础。因此，本条规定，国家根据需要，可以设立特殊经济区域，或者在部分地区实行外商投资试验政策措施，促进外商投资，扩大对外开放。

条文解读

一、关于特殊经济区域

实践中，国家为扩大对外开放、吸引外商投资，设立的特殊经济区域中最为典型的就是自由贸易试验区。

自由贸易试验区（以下简称自贸试验区）是国家划出

的特定区域，在此区域内实行更加优惠的贸易和投资政策，准许外国商品豁免关税自由进出。建设自贸试验区是党中央、国务院在新形势下全面深化改革和扩大对外开放的一项战略举措。自2013年9月成立中国（上海）自由贸易试验区以来，我国已经设立了18个自贸试验区（上海、广东、天津、福建、辽宁、浙江、河南、湖北、重庆、四川、陕西、海南、山东、江苏、广西、河北、云南、黑龙江），基本形成了东中西部协调的全方位、高水平开放新格局。自贸试验区已经成为我国改革开放的最前沿，在利用外资方面发挥了带头作用。据统计，仅2017年，全国11个自贸试验区新设外商投资企业6841家，占当年全国新设外商投资企业总数的19.2%，以不到全国万分之二的面积，吸引了12%的外商投资。据商务部最新发布数据显示，2019年上半年，自贸试验区实际使用外资同比增长20.1%。

自贸试验区的改革实践，为创新外商投资管理体制，构建新型管理制度和法律制度，提供了宝贵的实践经验。2013年8月30日，十二届全国人大常委会第四次会议作出决定，授权国务院在中国（上海）自贸试验区暂时调整“外资三法”关于外商投资企业设立及变更等审批的规定，试行外商投资准入前国民待遇加负面清单的管理方式，将不涉及国家规定实施准入特别管理措施的外商投资的审批事项改为备案管理，为在中国（上海）自贸试验区内探索创新外商投资管理体制改革提供法律依据。2014年12月

28 日，十二届全国人大常委会第十二次会议再次作出决定，将授权调整范围扩大到中国（广东）、中国（天津）、中国（福建）自贸试验区以及中国（上海）自贸试验区扩展区域。按照全国人大常委会授权决定的要求，国务院认真总结实践经验并认真评估后，对外资企业法等有关法律规定的相关内容提出修改建议。2016 年 9 月 3 日，十二届全国人大常委会第二十二次会议通过了关于修改外资企业法等四部法律的决定，在不涉及国家禁止和限制外商投资的领域（如设立企业及变更相关事项，由审批制改为备案制），从法律层面将自贸试验区试点的改革创新成果复制推广到全国，97% 以上的外商投资企业设立及变更等事项都适用备案管理，极大地便利了外商投资，激发了市场活力。为适应新时代改革开放的需要，推动外商投资法律制度与时俱进、完善发展，在总结自贸试验区试点经验的基础上，这一次制定外商投资法时将国家对外商投资实行准入前国民待遇加负面清单管理制度明确为法律。

党的十九大报告提出要“赋予自由贸易试验区更大改革自主权”，自贸试验区先行先试的改革进一步深入进行。2018 年 11 月，国务院印发《关于支持自由贸易试验区深化改革创新若干措施的通知》，规定了十二项自贸试验区外商投资新举措，以制度创新为核心，进一步简政放权，彰显自贸试验区扩大开放试验田作用。例如，允许自贸试验区创新推出与国际接轨的税收服务举措，省级市场监管部门可以将外国（地区）企业常驻代表机构登记注册初审权限下放至自贸试验区有外资登记管理权限的市场监管部门等。经党中央、国务院同意，国家发展和改革委员会、商务部于2019年6月30日发布了最新一版《自由贸易试验区外商投资准入特别管理措施（负面清单）（2019年版)》，自2019年7月30日起施行，进一步扩大对外开放的领域，原2018年版自贸试验区负面清单同时废止。2019年版的自贸试验区外资准入负面清单由45项减至37项，取消了水产品捕捞、出版物印刷等领域对外资的限制，继续在自贸试验区进行扩大开放先行先试。

二、关于在部分地区实行外商投资试验性政策措施

根据本条规定，除设立特殊经济区域外，国家根据需要，还可以在部分地区实行外商投资试验性政策措施，促进外商投资，扩大对外开放。这里所说的部分地区不限于特殊经济区域，也可以在非特殊经济区域实行外商投资试验性政策措施。

实践中，我国已经开始在有条件的地区试点某些行业的对外开放试验性政策措施，如2017年6月，国务院批准并印发实施《关于深化改革推进北京市服务业扩大开放综合试点工作方案的批复》及其附件工作方案，主要内容包括：一是进一步放宽产业准入门槛；二是推进服务业贸易投资便利化；三是促进服务业发展要素高效流动；四是提高服务业扩大开放的风险把控能力；五是探索京津冀协同开放。

第十四条 国家根据国民经济和社会发展需要，鼓励和引导外国投资者在特定行业、领域、地区投资。外国投资者、外商投资企业可以依照法律、行政法规或者国务院的规定享受优惠待遇。

条文主旨

本条是关于鼓励和引导外国投资者在特定行业、领域、地区投资的规定。

立法背景

为了进一步提高利用外资质量和水平，更好地发挥利用外资在推动科技创新、产业升级、区域协调发展等方面的积极作用，本条规定，国家根据国民经济和社会发展需要，鼓励和引导外国投资者在特定行业、领域、地区投资，外国投资者、外商投资企业可以依照法律、行政法规或者国务院的规定享受优惠待遇。

条文解读

一、鼓励和引导外国投资者在特定行业、领域投资，不断优化外商投资产业结构

当前我国经济已经由高速增长阶段转向高质量发展阶段，优化外商投资导向，积极吸引外商投资以及先进技术、管理经验是新阶段我国吸引外资的重点。国务院 2010 年 4 月颁布的《关于进一步做好利用外资工作的若干意见》中

提出，扩大开放领域，鼓励外资投向高端制造业、高新技术产业、现代服务业、新能源和节能环保产业；严格限制“两高一资”和低水平、过剩产能扩张类项目。为了进一步提高利用外资质量和水平，更好地发挥利用外资在推动科技创新、产业升级、区域协调发展等方面的积极作用，国务院2017年1月颁布的《关于扩大对外开放积极利用外资若干措施的通知》中提出鼓励外商投资高端制造、智能制造、绿色制造等领域，支持外商设立研发中心，与内资机构开展研发合作；2017年8月颁布的《关于促进外资增长若干措施的通知》大幅放宽了部分外商关注度高、投资意愿强的领域外资准入限制，提出财税支持、人才引进、知识产权保护等政策，引导外资更多投向高技术、高附加值的产业。

在国家外资政策的鼓励和引导下，我国外商投资产业结构进一步优化，高技术制造业外商投资快速增长，规模进一步扩大，质量进一步提高。据统计，2017年中国高技术制造领域新增外商投资企业1032个，同比增长29.3%，实际使用外资98.9亿美元，同比上升7.6%。高技术制造的六个分支领域（电子及通信设备制造业、医药制造业、医疗仪器设备及仪器仪表制造业、计算机及办公设备制造业、航空航天器及设备制造业、信息化学品制造业）实际利用外资规模同比均呈现增长。

二、鼓励和引导外国投资者在特定地区投资，优化区域开放布局

按照地域分布，传统上外商投资的重点区域是我国东部地区特别是东部沿海地区。党的十九大报告指出，要“优化区域开放布局，加大西部开放力度”。按照新发展理念，为了优化外商投资的区域布局，鼓励和引导外资向中西部和东北老工业基地转移。

在政策层面，国务院2010年4月颁布的《关于进一步做好利用外资工作的若干意见》提出引导外资向中西部地区转移和增加投资，鼓励外商在中西部地区发展符合环保要求的劳动密集型产业；对符合条件的西部地区内外资企业继续实行企业所得税优惠政策；对东部地区外商投资企业向中西部地区转移，加大政策开放和技术资金配套支持力度等政策措施。国务院2017年1月颁布的《关于扩大对外开放积极利用外资若干措施的通知》提出，支持中西部地区、东北地区承接外资产业转移；扩大中西部地区、东北地区鼓励外商投资产业范围；对符合条件的西部地区鼓励类产业外商投资企业实行企业所得税优惠政策；向中西部地区、东北地区转移的外商投资企业享受国家支持产业转移与加工贸易的资金、土地等优惠政策。国务院2018年6月颁布的《关于积极有效利用外资推动经济高质量发展若干措施的通知》中明确提出“优化区域开放布局，引导外资投向中西部等地区”，允许西部地区和东北老工业基地

银行机构持有的人民币贸易融资资产向境外银行转让，通过建设陆空联合开放口岸和多式联运枢纽，增加国际国内航线和班次，加强公路、铁路、航空、水运等领域收费行为监管，进一步降低西部地区物流成本，加快沿边引资重点地区建设，特别是鼓励地方统筹中央补助资金和自有财力，支持边境经济合作区、跨境经济合作区、边境旅游试验区建设，鼓励政策性、开发性金融机构加大对边境经济合作区、跨境经济合作区企业的信贷支持力度。

近年来，国家积极鼓励和引导外资向中西部和东北老工业基地转移，提高中西部和东北老工业基地国家级开发区开放水平和引资能力。例如，我国已经在中西部地区（河南、湖北、重庆、四川、陕西、广西、云南）新设7个自贸试验区，外资区域布局不断优化。据统计，仅2017年，中部地区新设外商投资企业1672个，同比增长17.1%，西部地区新设外商投资企业1761个，同比增加43.2%，增速均高于全国4.0%的平均水平；2019年上半年西部地区实际使用外资同比增长21.2%。区域开放布局进一步优化。

三、外国投资者、外商投资企业可以享受优惠待遇的条件

根据本法规定，外国投资者、外商投资企业可以享受优惠待遇的条件是依照法律、行政法规或者国务院的规定。这一规定有两层意思。

一是外国投资者、外商投资企业有权依照法律、行政法规或者国务院的规定享受相应的优惠待遇。例如，依照中小企业促进法，中小型外商投资企业可以享受该法规定的关于中小企业财税支持、融资促进等优惠政策措施；外商投资企业从事《中华人民共和国企业所得税法实施条例》规定的花卉、茶以及其他饮料作物和香料作物的种植所得，以及海水养殖、内陆养殖所得，减半征收企业所得税；根据国务院规定，向中西部地区、东北地区转移的外商投资企业享受国家支持产业转移与加工贸易的资金、土地等优惠政策。

二是除了法律、行政法规或者国务院的规定之外，根据内外资规则一致原则，各地方、各部门不得另行制定针对外国投资者、外商投资企业的特殊优惠待遇；对不符合本条规定给予外国投资者、外商投资企业的优惠待遇应当及时清理。

相关规定

《中华人民共和国中小企业促进法》；《中华人民共和国企业所得税法实施条例》

第十五条 国家保障外商投资企业依法平等参与标准制定工作，强化标准制定的信息公开和社会监督。

国家制定的强制性标准平等适用于外商投资企业。

条文主旨

外商投资企业平等参与标准化工作。

立法背景

为将外商投资企业平等参与标准化工作的政策法定化，本条规定，国家保障外商投资企业依法平等参与标准制定工作，强化标准制定的信息公开和社会监督；国家制定的强制性标准平等适用于外商投资企业。本条是内外资一致精神的具体体现。也就是说，外商投资企业在标准的制定、标准的实施（包括强制性标准的适用）以及对标准制定、实施的监督、公开等方面，享有与内资企业平等的待遇。

2017 年 1 月，国务院颁布的《关于扩大对外开放积极利用外资若干措施的通知》提出，促进内外资企业公平参与我国标准化工作；进一步深化标准化工作改革，提高标准制修订的透明度和开放度；推进标准制修订全过程信息公开，强化标准制修订过程中的信息共享和社会监督。

条文解读

一、外商投资企业依法平等参与标准制定工作

根据标准化法第二条的规定，所谓标准，是指农业、工业、服务业以及社会事业等领域需要统一的技术要求。

标准包括国家标准、行业标准、地方标准和团体标准、企业标准。国家标准分为强制性标准、推荐性标准，行业标准、地方标准是推荐性标准。强制性标准必须执行。各类标准的具体制定和管理按照标准化法的规定执行。国家标准由国务院标准化行政主管部门制定。行业标准由国务院有关行政主管部门制定。地方标准由省、自治区、直辖市以及设区的市人民政府标准化行政主管部门制定。团体标准由学会、协会、商会、联合会、产业技术联盟等社会团体制定。企业标准由企业或者企业联合制定。

标准化工作需要各方的积极参与。标准化法第七条规定，国家鼓励企业、社会团体和教育、科研机构等开展或者参与标准化工作。外商投资企业依法平等参与标准制定工作，主要是指依据本法和标准化法，应当邀请有关外商投资企业和其他参与标准制定主体一起平等地参与相关国家标准、行业标准、地方标准和团体标准的制定工作。

制定标准是由标准制定主体按照既定的制定程序编制和发布标准，标准化法对强制性标准、推荐性标准的制定作了明确要求，如第十五条中规定，制定强制性标准、推荐性标准，应当在立项时对有关行政主管部门、企业、社会团体、消费者和教育、科研机构等方面的实际需求进行调查，对制定标准的必要性、可行性进行论证评估；在制定过程中，应当按照便捷有效的原则采取多种方式征求意见，组织对标准相关事项进行调查分析、实验、论证，并做到有关标准之间的协调配套。因此，在制定上述标准立项时应当调查相关外商投资企业的实际需求，在制定过程中应当征求相关外商投资企业的意见。又如，第十八条第一款规定，国家鼓励学会、协会、商会、联合会、产业技术联盟等社会团体协调相关市场主体共同制定满足市场和创新需要的团体标准，由本团体成员约定采用或者按照本团体的规定供社会自愿采用。外商投资企业作为行业的成员，有权参与本行业团体标准制定工作。

二、强化标准制定的信息公开和社会监督

标准化法要求标准制定的公开透明，如第十八条第二款规定，制定团体标准，应当遵循开放、透明、公平的原则，保证各参与主体获取相关信息，反映各参与主体的共同需求，并应当组织对标准相关事项进行调查分析、实验、论证。本条第一款进一步强调，强化标准制定的信息公开和社会监督，就是要求标准制定中的法律、政策、程序、内容都要公开，同时要公开透明地征求社会各方面的意见，接受公众的监督。将应当公开的标准制定信息在报刊和网络等传播媒介上公开披露即为标准制定的信息公开，通过信息公开，可以使包括外商投资企业在内的相关主体了解并参与到标准制定的活动中，可以使社会公众有途径和渠道发挥监督作用。

三、国家制定的强制性标准平等适用于外商投资企业

本条第二款规定，国家制定的强制性标准平等适用于

外商投资企业。实际上就是强调外商投资企业遵守国家强制性标准的义务。根据标准化法的规定，国家标准分为强制性标准、推荐性标准，强制性标准必须执行。内外资企业都必须遵守国家制定的强制性标准，违反强制性标准的行为将依法追究法律责任。根据标准化法第二十五条规定，不符合强制性标准的产品、服务，不得生产、销售、进口或者提供；根据第三十六条规定，生产、销售、进口产品或者提供服务不符合强制性标准，或者企业生产的产品、提供的服务不符合其公开标准的技术要求的，依法承担民事责任；根据第三十七条规定，生产、销售、进口产品或者提供服务不符合强制性标准的，依照产品质量法、进出口商品检验法、消费者权益保护法等法律、行政法规的规定查处，记入信用记录，并依照有关法律、行政法规的规定予以公示，构成犯罪的，依法追究刑事责任。此外，环境保护法、食品安全法等有关法律中也有关于违反强制性标准予以行政处罚的规定。例如，根据《食品安全法》第一百二十五条第一款第（四）项的规定，食品生产经营者采购或者使用不符合食品安全标准的食品原料、食品添加剂、食品相关产品的，由县级以上人民政府食品安全监督管理部门没收违法所得和违法生产经营的食品、食品添加剂，并可以没收用于违法生产经营的工具、设备、原料等物品；违法生产经营的食品、食品添加剂货值金额不足一万元的，并处五千元以上五万元以下罚款；货值金额一万元以上的，并处货值金额五倍以上十倍以下罚款；情节严重的，责令停产停业，直至吊销许可证。

相关规定

《中华人民共和国标准化法》

第十六条　国家保障外商投资企业依法通过公平竞争参与政府采购活动。政府采购依法对外商投资企业在中国境内生产的产品、提供的服务平等对待。

条文主旨

外商投资企业依法平等参与政府采购活动。

立法背景

政府采购作为一种高效、先进、符合市场经济发展规律的财政资金分配、使用、管理制度，在国家经济生活中具有不可忽视的重要性。政府采购的目的在于通过公平、公开的程序，寻求适当的供应商，以适当的价格获得适当品质的产品和服务。在政府采购活动中也应当遵循内外资规则一致的原则。我国的市场经济正处于不断完善发展的阶段，政府采购市场是一个巨大的市场，政府采购行为直接影响着竞争秩序和国民经济的发展。为了营造一个公平竞争的政府采购市场，本条规定，国家保障外商投资企业依法通过公平竞争参与政府采购活动；政府采购依法对外商投资企业在中国境内生产的产品、提供的服务平等对待。这实际上就是强调在政府采购中，坚持公开透明、公平竞争的原则，严格执行政府采购法，保障外商投资企业依法通过公平竞争参与政府采购活动，依法对外商投资企业在中国境内生产的产品、提供的服务一视同仁、平等对待。

条文解读

一、关于外商投资企业依法通过公平竞争参与政府采购

（一）涉及政府采购的法律行政法规

政府采购的有效运行必须有法律作为保障，政府采购的各个环节和行为都应当在法律、行政法规及制度规范的管理下公开透明地进行。我国已经建立起比较完善的政府采购法律制度，在我国境内进行的一切政府采购活动均应当遵循。本条所说的外商投资企业依法参与政府采购活动中的“依法”是指：一是适用政府采购法及其实施条例。二是政府采购工程进行招标投标的，适用招标投标法及其实施条例。

（二）外商投资企业依法参与政府采购的条件、范围和方式

外商投资企业依法参与政府采购活动需要满足《政府采购法》第二十二条规定的主体条件：（1）具有独立承担民事责任的能力；（2）具有良好的商业信誉和健全的财务会计制度；（3）具有履行合同所必需的设备和专业技术能

力；(4) 有依法缴纳税收和社会保障资金的良好记录；(5) 参加政府采购活动前三年内，在经营活动中没有重大违法记录；(6) 法律、行政法规规定的其他条件。

外商投资企业依法参与的政府采购的范围和政府采购法规定的范围一致，即各级国家机关、事业单位和团体组织，使用财政性资金采购依法制定的集中采购目录以内的或者采购限额标准以上的货物、工程和服务的行为。

外商投资企业依法参与政府采购活动的方式是政府采购法第二十六条规定的可以采用的方式，包括：公开招标、邀请招标、竞争性谈判、单一来源采购、询价，以及国务院政府采购监督管理部门认定的其他采购方式，其中公开招标应作为政府采购的主要采购方式。

（三）通过公平竞争参与政府采购

政府采购法第三条中明确规定，政府采购应当遵循公开透明原则、公平竞争原则、公正原则和诚实信用原则。公平竞争原则是政府采购的核心原则之一。按照公平竞争原则，在政府采购方面，对各类所有制企业、内外资企业应当一视同仁。依据本条和政府采购法的规定，外商投资企业应当和其他内资参与主体一样，通过公平竞争参与政府采购活动，享有相同的机会，地位一律平等，在政府采购活动中既不应受到任何差别待遇或歧视待遇，也不应享有任何优先特权。同时，任何单位和个人不得采用任何方式，阻挠和限制外商投资企业自由进入本地区和本行业的政府采购市场。

二、依法平等对待外商投资企业在中国境内生产的产品、提供的服务

政府采购依法对外商投资企业在中国境内生产的产品、提供的服务平等对待，是政府采购公正原则的体现。这实际上就是要求在政府采购活动中对外商投资企业在中国境内生产的产品、提供的服务与内资企业生产的产品和提供的服务一视同仁，既不得有不合理的差别待遇或歧视待遇，也不得享有任何优先特权。具体来说，就是对包括外商投资企业在内的各供应商在中国境内生产的产品、提供的服务提出相同的供应标准和采购信息，对产品和服务的验收实事求是、客观公正，严格执行合同标准，不得对外商投资企业提出合同之外的条件；开标、评标、决标要客观、科学、公正。

相关规定

《中华人民共和国政府采购法》

第十七条 外商投资企业可以依法通过公开发行股票、公司债券等证券和其他方式进行融资。

条文主旨

本条是关于外商投资企业融资政策的规定。

条文解读

在国家融资政策层面，外商投资企业享受与内资企业待遇平等的政策，外商投资企业可以依法在证券市场发行股票、公司债券进行融资，可以依法运用非金融企业的债务融资工具或通过其他方式进行融资。2010 年 4 月，国务院颁布的《关于进一步做好利用外资工作的若干意见》中提出，支持符合条件的外商投资企业在境内公开发行股票、发行企业债和中期票据，拓宽融资渠道，引导金融机构继续加大对外商投资企业的信贷支持。2017 年 1 月，国务院《关于扩大对外开放积极利用外资若干措施的通知》中进一步强调“支持外商投资企业拓宽融资渠道”，外商投资企业可以依法依规在主板、中小企业板、创业板上市，在新三板挂牌，发行企业债券、公司债券、可转换债券和运用非金融企业债务融资工具进行融资。

为了进一步完善外商投资企业融资的制度环境，为符合条件的外商投资企业融资提供法律保障，本条明确规定外商投资企业可以依法通过公开发行股票、公司债券等证券和其他方式进行融资。将外商投资企业在融资方面享有与内资企业平等待遇的政策法定化。

本条所说的“依法”主要是指依据相关法律、行政法规，如证券法、公司法、证券投资基金法、国库券条例等。外商投资企业公开发行证券，必须符合证券法、公司法等法律的相关规定及国务院制定的有关行政法规的规定。

除依法通过公开发行证券的方式进行融资外，外商投资企业还可以依法通过其他方式进行融资，如发行短期融资券、中期票据等多种方式。

第十八条　县级以上地方人民政府可以根据法律、行政法规、地方性法规的规定，在法定权限内制定外商投资促进和便利化政策措施。

条文主旨

授权地方政府制定外商投资促进和便利化政策措施。

立法背景

我国幅员辽阔，地区发展不平衡，各地经济社会发展水平参差不齐，吸引外资的能力也有较大差别。地方政府制定符合本地实际的、精细化的外商投资促进和便利化政策措施，有助于提高当地外商投资服务水平，有利于增强对外资的吸引力。本条在总结地方实践经验的基础上，授权县级以上地方人民政府充分认识新时代推动扩大开放、积极有效利用外资对于建设现代化经济体系、促进经济升级的重要意义，根据本地实际情况和需要，可以根据法律、行政法规、地方性法规的规定，在法定权限内制定外商投资促进和便利化政策措施。

条文解读

一、地方政府制定外商投资促进和便利化政策措施的依据

县级以上地方人民政府制定外商投资促进和便利化政策措施首先必须具有上位法依据，即依据法律、行政法规和本省、自治区、直辖市的地方性法规的规定；没有上位法依据，不得制定外商投资促进和便利化政策措施。

二、关于外商投资促进和便利化政策措施

县级以上地方人民政府可以在法定权限内制定外商投资促进和便利化政策措施。

关于外商投资促进政策措施。2017 年 1 月，国务院颁布《关于扩大对外开放积极利用外资若干措施的通知》提出了包括“进一步扩大对外开放”“进一步创造公平竞争环境”“进一步加强吸引外资工作”三大方面二十项。要求各地区按照创新、协调、绿色、开放、共享的发展理念，结合地方实际，积极开展投资促进活动；允许地方政府在法定权限范围内制定出台招商引资优惠政策，支持对就业、经济发展、技术创新贡献大的项目，降低企业投资和运营成本，依法保护外商投资企业及其投资者权益，营造良好的投资环境。

关于外商投资便利化政策措施。2018 年 6 月，国务院在《关于积极有效利用外资推动经济高质量发展若干措施的通知》中，支持各地在法定权限范围内制定专项政策，对在经济社会发展中作出突出贡献的外商投资企业及高层次人才给予奖励；充分运用因公临时出国管理有关政策，为重大项目洽谈、重大投资促进活动等因公出访团组提供便利。

需要强调的是，地方在制定相关外商投资促进和便利化政策措施时应当遵循一定的规则：一是遵守市场公平竞争原则，严守法律法规底线，既不能和法律、行政法规、地方性法规的相关规定不一致或相抵触，也不能超越法定权限制定地方性政策措施。例如，在税收方面，应当严格遵守“税收法定”原则，县级以上地方人民政府不得自行规定外商投资税收优惠措施；在土地管理方面的优惠措施，应当符合土地管理法、土地管理法实施条例等法律、行政法规的规定。二是符合国家产业政策、土地利用政策、城乡规划和环境保护等要求，注重综合改善营商环境，给予内外资企业公平待遇，避免造成地区之间恶性竞争和低水平同质化发展，确保各项措施与国家已经出台的政策有效衔接，形成合力。

第十九条 **各级人民政府及其有关部门应当按照便利、高效、透明的原则，简化办事程序，提高办事效率，优化政务服务，进一步提高外商投资服务水平。**

有关主管部门应当编制和公布外商投资指引，为外国投资者和外商投资企业提供服务和便利。

条文主旨

为外商投资提供便利化服务。

立法背景

当前我国经济已经由高速增长阶段转向高质量发展阶段，利用外资面临新形势新挑战。习近平总书记在博鳌亚洲论坛2018年年会开幕式上的主题演讲中强调，“过去，中国吸引外资主要靠优惠政策，现在要更多靠改善投资环境”[①]。进一步提高外商投资服务水平，打造好的营商环境、投资环境，是在新形势下做好外商投资促进工作重要的努力方向。针对当前对外商投资服务方面最为突出的需求，本条对外商投资服务工作提出明确要求：各级人民政府及其有关主管部门应当按照便利、高效、透明的原则，简化办事程序，提高办事效率，优化政务服务，进一步提高外商投资服务水平；有关主管部门应当编制和公布外商投资指引，为外国投资者和外商投资企业提供服务和便利。

---

① 来源网址：http：//www. xinhuanet. com//politics/2018 －04/10/c_1122659873. htm，最后访问日期：2019 年 10 月 31 日。

条文解读

一、关于各级政府及其有关部门应当提高外商投资服务水平

外商投资服务涉及多个部门、多个产业，应当由各级人民政府统一协调和推动。各级人民政府在为外商投资提供服务方面要统筹规划，要求各相关主管部门在各自的职责范围内，提高外商投资服务水平。

提高外商投资服务水平的具体要求是：应当遵循便利、高效、透明的原则，简化办事程序，提高办事效率，优化政务服务，进一步提高外商投资服务水平。中办、国办印发的《关于深入推进审批服务便民化的指导意见》要求全面推行审批服务“马上办、网上办、就近办、一次办”，各地积极推进“最多跑一次”改革，多地政务实现“一网通办”，大大提高了办事效率。

二、关于编制和公布外商投资指引

本条第二款进一步明确了有关主管部门在为外商投资提供服务时应当编制和公布外商投资指引，为外国投资者和外商投资企业提供服务和便利。

为适应利用外资新形势新需求，扩大鼓励外商投资范围，优化外商投资产业和区域结构，促进外商投资稳定增长，经党中央、国务院同意，国家发展和改革委员会、商务部于2019年6月30日发布了《鼓励外商投资产业目录》（2019年版），自2019年7月30日起实施。

《鼓励外商投资产业目录（2019年版）》包括全国鼓励外商投资产业目录（全国目录）和中西部地区外商投资优势产业目录（中西部目录），总条目1108条，其中全国目录415条，与2017年版相比增加67条、修改45条；中西部目录693条，与2017年版相比增加54条、修改165条。除了根据技术、标准变化作必要的调整外，原则上保持不变，确保鼓励类政策的连续性、稳定性。《鼓励外商投资产业目录（2019年版）》进一步扩大鼓励外商投资范围，鼓励外商投资更多投向现代农业、先进制造、高新技术、节能环保、现代服务业等领域，促进外资优化区域布局，注重发挥地方特色资源优势，积极支持中西部地区、东北地区承接国际、东部地区外资产业转移，促进沿边开发开放。

第三章　投资保护

第二十条　国家对外国投资者的投资不实行征收。

在特殊情况下，国家为了公共利益的需要，可以依照法律规定对外国投资者的投资实行征收或者征用。征收、征用应当依照法定程序进行，并及时给予公平、合理的补偿。

条文主旨

本条是关于国家对外国投资者的投资能否实行征收或者征用的规定。

条文解读

1986年经全国人民代表大会审议并通过的《中华人民共和国外资企业法》首次对外国投资者的投资能否进行征收作了规定。其中第五条规定，国家对外资企业不实行国有化和征收；在特殊情况下，根据社会公共利益的需要，对外资企业可以依照法律程序实行征收，并给予相应的补偿。1990年修改《中华人民共和国中外合资经营企业法》

时，在第二条增加一款，规定："国家对合营企业不实行国有化和征收；在特殊情况下，根据社会公共利益的需要，对合营企业可以依照法律程序实行征收，并给予相应的补偿。"

2004年全国人民代表大会对《中华人民共和国宪法》进行了修改，其中两项修改确立了我国法律关于征收的基本制度：一是把对土地的"征用"改为对土地的"征收或者征用并给予补偿"，即将宪法第十条第三款"国家为了公共利益的需要，可以依照法律规定对土地实行征用"。修改为"国家为了公共利益的需要，可以依照法律规定对土地实行征收或者征用并给予补偿"。二是增加了对公民的私有财产实行征收或者征用并给予补偿的规定，即在宪法第十三条中增加规定"国家为了公共利益的需要，可以依照法律规定对公民的私有财产实行征收或者征用并给予补偿。"此外，2017年审议并通过的《中华人民共和国民法总则》第一百一十七条也规定，为了公共利益的需要，依照法律规定的权限和程序征收、征用不动产或者动产的，应当给予公平、合理的补偿。

为体现促进和保护外商投资的立法重点，强调对外商投资合法权益的保护，外商投资法在本条对外国投资者的投资是否实行征收，作了进一步的明确规定：一是明确规定国家对外国投资者的投资不实行征收。二是依据宪法并保持外资政策的连续性，明确在特殊情况下，国家为了公共利益的需要，可以依照法律规定对外国投资者的投资实行征收或者征用；征收、征用应当依照法定程序进行，并及时给予公平、合理的补偿。其中需要强调的是，进行“征收或者征用”的条件，“在特殊情况下”与“为了公共利益的需要”均需具备，两者缺一不可。

关于应当依照法定程序进行征收、征用，并及时给予公平、合理的补偿：其中，征收是指国家以行政权取得集体、单位或者个人的财产所有权的行为。征用是指国家为了抢险、救灾等公共利益的需要，在紧急情况下强制性地使用集体、单位或者个人的不动产或者动产。法定程序指引向其他法律有明确规定可以征收或者征用的，例如，土地管理法、突发事件应对法等均有相关规定。2019 年 8 月修改的《中华人民共和国土地管理法》第四十五条规定，为了公共利益的需要，在军事和外交需要用地，或者由政府组织实施的能源、交通、水利、通信、邮政等基础设施建设需要用地，或者由政府组织实施的扶贫搬迁、保障性安居工程建设需要用地等情形下，确需征收农民集体所有的土地的，可以依法实施征收。第四十六条至第五十一条则分别对征收的批准程序、组织实施的程序以及补偿标准等作了规定。《中华人民共和国突发事件应对法》第三条规定，本法所称突发事件，是指突然发生，造成或者可能造成严重社会危害，需要采取应急处置措施予以应对的自然灾害、事故灾难、公共卫生事件和社会安全事件；第十二条则规定，有关人民政府及其部门为应对突发事件，可以征用单位和个人的财产。被征用的财产在使用完毕或者突发事件应急处置工作结束后，应当及时返还。财产被征用或者征用后毁损、灭失的，应当给予补偿。

相关规定

《中华人民共和国宪法》第十条、第十三条；《中华人民共和国民法总则》；《中华人民共和国土地管理法》；《中华人民共和国突发事件应对法》

第二十一条　外国投资者在中国境内的出资、利润、资本收益、资产处置所得、知识产权许可使用费、依法获得的补偿或者赔偿、清算所得等，可以依法以人民币或者外汇自由汇入、汇出。

条文主旨

本条是关于外国投资者的投资、利润等资金和款项能否自由汇入、汇出的规定。

条文解读

外国投资者关心其投资的本金、利润和其他合法收入能否兑现成可自由使用的货币，能否将投资所得转移出东道国。因此，外汇转移条款一直是国际投资规则中关于投资保护的一项重要内容，并通常以列举的方式规定投资者可以自由转移的资金和款项。为推动新一轮高水平对外开放，本条规定外国投资者在符合我国法律规定的情况下，既可以人民币的形式自由汇入或者汇出其资金和款项，也可以外汇的形式自由汇入或者汇出其资金和款项，并对资金和款项作了部分列举，包括出资、利润、资本收益、资产处置所得、知识产权许可使用费、依法获得的补偿或者赔偿、清算所得等。

本条规定中的“依法”主要指向《中华人民共和国人民币管理条例》《中华人民共和国外汇管理条例》等。《中华人民共和国人民币管理条例》主要对人民币的发行、回收、流通和保护等作了规定，明确外国投资者以人民币的形式汇入或者汇出其资金和款项时，应当符合《中华人民共和国人民币管理条例》的规定。《中华人民共和国外汇管理条例》则对经常项目、资本项目的外汇管理等作了规定，根据该条例第三条的规定，外汇是指下列以外币表示的可以用作国际清偿的支付手段和资产：外币现钞，包括纸币、铸币；外币支付凭证或者支付工具，包括票据、银行存款凭证、银行卡等；外币有价证券，包括债券、股票等；特别提款权；其他外汇资产。外国投资者以外汇的形式汇入或者汇出其资金和款项时，也应当符合《中华人民共和国外汇管理条例》的规定。

相关规定

《中华人民共和国人民币管理条例》；《中华人民共和国外汇管理条例》

第二十二条 **国家保护外国投资者和外商投资企业的知识产权，保护知识产权权利人和相关权利人的合法权益；对知识产权侵权行为，严格依法追究法律责任。**

国家鼓励在外商投资过程中基于自愿原则和商业规则开展技术合作。技术合作的条件由投资各方遵循公平原则平等协商确定。行政机关及其工作人员不得利用行政手段强制转让技术。

条文主旨

本条是关于外国投资者和外商投资企业的知识产权的保护的规定。

条文解读

第一，我国一贯重视知识产权保护工作，早在改革开放初期就制定了《中华人民共和国专利法》、《中华人民共和国商标法》和《中华人民共和国著作权法》，并根据实践发展的需要不断修改完善，不断加强对相关权利的法律保护。国务院也制定了植物新品种保护条例、集成电路布图设计保护条例等行政法规。以知识产权的保护范围为例，到目前为止，我国法律保护的知识产权种类主要包括：作品，发明、实用新型、外观设计三类专利，商标，地理标志，商业秘密，集成电路布图设计，植物新品种。这些种类是在知识产权保护法律逐步完善的过程中，对相关类别的知识产权不断拓展而来的。比如，1982 年商标法只规定了文字和图形商标；2001 年修改商标法时增加了三维标志和颜色商标；2013 年修改商标法又增加了声音商标。同时，我国是《保护工业产权巴黎公约》、《与贸易有关的知识产权协定》、《保护文学和艺术作品伯尔尼公约》和《世界版权公约》等知识产权国际条约的成员国，我国有关知识产权保护的法律法规已经做到与国际通行规则相符合，与我国应当履行的国际条约义务相一致。

外商投资的知识产权保护，实践中一直是外国投资者比较关注的问题。本法积极回应外国投资者在知识产权保护方面的关切，按照内外资企业法律上平等、政策上一致的原则，进一步强调外国投资者和外商投资企业的知识产权依法受到平等保护，即在本条中明确规定，国家保护外国投资者和外商投资企业的知识产权，保护知识产权权利人和相关权利人的合法权益。

审议过程中有的意见提出，为进一步体现国家对外国投资者和外商投资企业知识产权保护的决心，要进一步强化对侵犯外国投资者和外商投资企业知识产权行为的责任追究，故本条除强调保护知识产权和相关合法权益外，还明确规定，对于知识产权侵权行为，严格依法追究法律责任。《中华人民共和国专利法》、《中华人民共和国商标法》和《中华人民共和国著作权法》等法律规定了知识产权侵权行为的民事责任和行政责任；《中华人民共和国刑法》则专设一节规定了侵犯知识产权的刑事责任。

第二，技术转让为平等主体间的民商事活动，应当遵循民事活动的基本原则。早在1987年制定并施行的《中华人民共和国技术合同法》[①] 就对技术转让应遵循的基本原则予以规范，根据该法第四条的规定，订立技术合同，应当遵循自愿平等、互利有偿和诚实信用的原则。此后，1999年制定并施行的《中华人民共和国合同法》于总则部分对自愿、平等、公平、诚实信用原则作了规定。2017年制定并施行的《中华人民共和国民法总则》规定：民事主体从事民事活动，应当遵循自愿原则，即按照自己的意思设立、变更、终止民事法律关系；应当遵循公平原则，即合理确定各方的权利和义务；应当遵循诚信原则，即秉持诚实，恪守承诺。此外，技术合作作为我国社会主义市场经济下平等主体间的民商事活动，应更加尊重市场规律的调节，行政手段不应强制干预。

在审议过程中，有的意见提出，外商投资法作为我国外商投资领域的基础性法律，应对相关规则再予以强调，以回

① 该法已失效。

应社会关切。因此，本条明确规定，国家鼓励在外商投资过程中基于自愿原则和商业规则开展技术合作；并特别强调，技术合作的条件由投资各方遵循公平原则平等协商确定，行政机关及其工作人员不得利用行政手段强制转让技术。其中，行政手段是指行政机关或其工作人员凭借行政权力进行干预的方式或者方法，如通过行政许可、监督检查、行政命令等方式；行政机关及其工作人员不得利用行政手段强制转让技术，即行政机关及其工作人员不得利用行政许可、监督检查、行政命令等带有行政权力色彩的方式或者方法，强制或者变相强制外国投资者或者外商投资企业转让技术。

相关规定

《中华人民共和国专利法》；《中华人民共和国商标法》；《中华人民共和国著作权法》；《中华人民共和国合同法》；《中华人民共和国民法总则》；《中华人民共和国刑法》

第二十三条　行政机关及其工作人员对于履行职责过程中知悉的外国投资者、外商投资企业的商业秘密，应当依法予以保密，不得泄露或者非法向他人提供。

条文主旨

本条是关于行政机关及其工作人员对于履行职责过程中知悉的外国投资者、外商投资企业的商业秘密，负有保密义务的规定。

条文解读

对商业秘密给予保护，是有关国际公约和各国法律的普遍做法。《与贸易有关的知识产权协定》中规定，自然人和法人应有可能防止其合法控制的信息在未经其同意的情况下以违反诚实商业行为的方式向他人披露，或被他人取得或使用，只要此类信息：（1）应属秘密，即作为一个整体或就其各部分的精确排列和组合而言，该信息尚不为通常处理所涉信息范围内的人所普遍知道，或不易被他们获得；（2）因属秘密而具有商业价值；（3）由该信息的合法控制人，在此种情况下采取合理的步骤以保持其保密性。世界主要国家和地区的法律一般也都对保护商业秘密作了规定，但在具体方式上有所差异：有的主要通过反不正当竞争法保护，如德国、日本、韩国；有的主要通过知识产权法保护，如法国、意大利；有的主要通过普通法上的违反保密义务之诉保护，如澳大利亚、加拿大；有的制定了专门的商业秘密保护法，如美国的统一商业秘密法、欧盟的商业秘密保护指令。

《中华人民共和国民法总则》第一百二十三条将商业秘密作为民事主体依法享有的知识产权权利予以列明，并通过《中华人民共和国反不正当竞争法》等法律对商业秘密保护作出具体规定。侵犯他人商业秘密的，应当依法承担民事责任、行政责任和刑事责任。

同时，有关法律还对行政机关及其工作人员的商业秘密保密义务作了规定，如《中华人民共和国行政许可法》第五条规定，行政许可的实施和结果，除涉及国家秘密、商业秘密或者个人隐私的外，应当公开。未经申请人同意，行政机关及其工作人员、参与专家评审等的人员不得披露申请人提交的商业秘密、未披露信息或者保密商务信息，法律另有规定或者涉及国家安全、重大社会公共利益的除外。

本条明确规定，对于行政机关及其工作人员，在履行职责过程中知悉的外国投资者、外商投资企业的商业秘密，应当依法予以保密，不得泄露或者非法向他人提供。其中，需要强调的是，对于因履行职责知悉的外国投资者、外商投资企业的商业秘密，行政机关及其工作人员是“依法”予以保密的，即若相关法律有例外规定，则不受本条规定的限制。同时，本法第三十九条对行政机关工作人员违反保密义务的法律责任作了规定，即行政机关工作人员在外商投资促进、保护和管理工作中泄露、非法向他人提供履行职责过程中知悉的商业秘密的，依法给予处分；构成犯罪的，依法追究刑事责任。

相关规定

《与贸易有关的知识产权协定》；《中华人民共和国反不正当竞争法》；《中华人民共和国民法总则》；《中华人民共和国行政许可法》

第二十四条 各级人民政府及其有关部门制定涉及外商投资的规范性文件，应当符合法律法规的规定；没有法律、行政法规依据的，不得减损外商投资企业的合法权益或者增加其义务，不得设置市场准入和退出条件，不得干预外商投资企业的正常生产经营活动。

条文主旨

本条是关于各级人民政府及其有关部门制定涉及外商投资的规范性文件应当遵循的要求的规定。

条文解读

行政机关或者经法律、法规授权的具有管理公共事务职能的组织（可统称行政机关），在依法履行职能的过程中，依照其法定权限、程序，可以制定并公开发布涉及公民、法人或者其他组织权利义务，具有普遍约束力，并可在一定期限内反复适用的规范性文件。考虑到此类规范性文件直接关系公民、法人和其他组织的合法权益，本法单设一条，明确各级人民政府及其有关部门制定涉及外商投资的规范性文件应当符合法律法规的规定。对于没有法律、行政法规依据的，该规范性文件一是不得减损外商投资企业的合法权益或者增加其义务，二是不得设置市场准入和退出条件，三是不得干预外商投资企业的正常生产经营活动。

需要说明的是，《中华人民共和国立法法》第八十二条规定，没有法律、行政法规、地方性法规的依据，地方政府规章不得设定减损公民、法人和其他组织权利或者增加其义务的规范。按照立法法的上述规定，规范性文件在有法律、行政法规、地方性法规依据的情况下，是可以设定减损公民、法人和其他组织权利或者增加其义务的规范的。本法从进一步加强对外商投资合法权益的保护的角度出发，对“设定减损公民、法人和其他组织权利或者增加其义务”的“依据”作了进一步限制，把“地方性法规”排除在外，将“依据”限定在“法律、行政法规”，即各级人民政府及其有关部门制定涉及外商投资的规范性文件，在没有法律、行政法规依据的情况下，不得减损外商投资企业的合法权益或者增加其义务。

第二十五条 **地方各级人民政府及其有关部门应当履行向外国投资者、外商投资企业依法作出的政策承诺以及依法订立的各类合同。**

因国家利益、社会公共利益需要改变政策承诺、合同约定的，应当依照法定权限和程序进行，并依法对外国投资者、外商投资企业因此受到的损失予以补偿。

条文主旨

本条是关于促使地方政府守约践诺的规定。

条文解读

在吸引外商投资工作中，一些地方政府往往通过政策承诺或者签订合同等形式，将对外国投资者或者外商投资企业的招商引资条件等予以列明。实践中，也确实存在一些地方政府在招商引资过程中乱承诺、承诺后不兑现、新官不理旧账等情况，严重影响了我国外资政策的稳定性和连续性，严重损害了政府的公信力，也严重损伤了外国投资者的投资信心。针对这一问题，本条专门作出规定：一方面，强调地方各级人民政府及其有关部门在招商过程中，应当依法作出政策承诺，依法订立各类合同，不属于其法定权限范围的，不能承诺，也不能在合同中列明。另一方面，要求地方各级人民政府及其有关部门应当履行向外国投资者、外商投资企业依法作出的政策承诺以及依法订立的各项合同；确因国家利益、社会公共利益需要改变政策承诺、合同约定的，应当依照法定权限和程序进行，并依法对外国投资者、外商投资企业因此受到的损失予以补偿。

第二十六条　国家建立外商投资企业投诉工作机制，及时处理外商投资企业或者其投资者反映的问题，协调完善相关政策措施。

外商投资企业或者其投资者认为行政机关及其工作人员的行政行为侵犯其合法权益的，可以通过

外商投资企业投诉工作机制申请协调解决。

外商投资企业或者其投资者认为行政机关及其工作人员的行政行为侵犯其合法权益的，除依照前款规定通过外商投资企业投诉工作机制申请协调解决外，还可以依法申请行政复议、提起行政诉讼。

条文主旨

本条是关于外商投资企业投诉工作机制的规定。

条文解读

完善争端解决方式是加强对外商投资合法权益保护的重要一环，为此，本条对外商投资企业投诉工作机制专门作了规定。一方面，通过投诉工作机制，及时处理外商投资企业或者其投资者反映的问题；另一方面，也通过投诉工作机制反映的问题，协调完善相关政策措施。

此外，外商投资企业设立后，按照内外资一致的原则，外商投资企业或者其投资者认为行政机关及其工作人员的行政行为侵犯其合法权益的，按照《中华人民共和国行政复议法》和《中华人民共和国行政诉讼法》的有关规定，可以通过行政复议、行政诉讼等途径解决。外商投资企业或者其投资者通过外商投资企业投诉工作机制申请协调解决，并不影响其在法定期限内申请行政复议、提起行政诉讼。也就是说，本条规定是为外商投资企业或者其投资者投诉、反映其在投资活动中遇到的问题提供了一个新的渠道和途径。

相关规定

《中华人民共和国行政复议法》；《中华人民共和国行政诉讼法》

第二十七条　外商投资企业可以依法成立和自愿参加商会、协会。商会、协会依照法律法规和章程的规定开展相关活动，维护会员的合法权益。

条文主旨

本条是关于外商投资企业商会、协会的构成、作用和地位的规定。

条文解读

从保护外资合法权益的角度出发，外商投资企业除可以依法自己维权外，还可以通过成立或者自愿参加商会、协会来集中反映自身诉求。

商会、协会的成立以及开展相关活动，应当遵守《社会团体登记管理条例》等法律法规的规定。例如，《社会团体登记管理条例》第九条规定，申请成立社会团体，应当经其业务主管单位审查同意，由发起人向登记管理机关申请登记；筹备期间不得开展筹备以外的活动等。

就相关商会、协会的法律地位而言，其属于行业自律组织，除依照法律法规的规定外，还需根据自身章程的规定，为会员提供政策咨询、信息沟通、经贸交流等服务，并依法规范会员的行为，维护会员的合法权益，真正发挥好桥梁纽带作用。

1989 年，国务院颁布了《外国商会管理暂行规定》，明确外国商会是指外国在中国境内的商业机构及人员依照本规定在中国境内成立，不从事任何商业活动的非营利性团体。外国商会的活动应当以促进其会员同中国发展贸易和经济技术交往为宗旨，为其会员在研究和讨论促进国际贸易和经济技术交往方面提供便利。实践中，依据该暂行规定，已经成立了中国美国商会、中国欧盟商会、中国日本商会等多家商会，对保护并促进外商投资起到了积极作用。

相关规定

《社会团体登记管理条例》；《外国商会管理暂行规定》

第四章　投资管理

第二十八条　外商投资准入负面清单规定禁止投资的领域，外国投资者不得投资。

外商投资准入负面清单规定限制投资的领域，外国投资者进行投资应当符合负面清单规定的条件。

外商投资准入负面清单以外的领域，按照内外资一致的原则实施管理。

条文主旨

本条是关于外商投资实行准入前国民待遇加负面清单管理制度的具体规定。

立法背景

本法第四条第一款规定，国家对外商投资实行准入前国民待遇加负面清单管理制度。本条是对这一管理制度的细化。所谓“准入前国民待遇”，是指在投资准入阶段给予外国投资者及其投资不低于本国投资者及其投资的待遇。所谓“负面清单”（即外商投资准入负面清单），是指国家规定在特定领域对外商投资实施的准入特别管理措施。准入特别管理措施包括禁止性措施（特定领域禁止外商投资）和限制性措施（对外商投资特定领域提出股比限制、高管要求、投资方式限制等）。负面清单由国务院发布或者批准发布。国家对负面清单之外的外商投资，给予国民待遇。

目前，我国在外商投资领域存在两个负面清单：一个是《外商投资准入特别管理措施（负面清单）（2019 年版）》，适用于全国范围，共计 40 项。另一个是《自由贸易试验区外商投资准入特别管理措施（负面清单）（2019 年版）》，适用于所有自由贸易试验区，共计 37 项。自贸区外资准入负面清单在全国外资准入负面清单的基础上，进一步放宽市场准入条件，实行更高水平的对外开放。这两个负面清单均由国家发展和改革委员会、商务部于 2019 年 6 月 30 日发布，自 2019 年 7 月 30 日起实施。

条文解读

一、外商投资准入负面清单规定禁止投资的领域，外国投资者不得投资

对于禁止投资的领域，外商投资准入负面清单逐一列明，确定红线，给外国投资者以合理预期。例如，《外商投资准入特别管理措施（负面清单）（2019 年版）》中规定，禁止投资农作物、种畜禽、水产苗种转基因品种选育及其转基因种子（苗）生产，禁止投资图书、报纸、期刊、音像制品和电子出版物的编辑、出版、制作业务等。外国投资者不得投资上述领域。

二、外商投资准入负面清单规定限制投资的领域，外国投资者进行投资应当符合负面清单规定的条件

对于负面清单限制投资的领域，外商投资准入负面清单将限制条件明确列明，有关主管部门按照清单相关要求进行管理，不再对外国投资者在相关领域投资设立企业进行事前审批。《外商投资准入特别管理措施（负面清单）(2019 年版)》中，比较典型的限制条件有：(1）外资股比限制，即外商投资持股不得超过一定比例。例如，城市人口 50 万以上的城市供排水管网的建设、经营须由中方控股。(2）高管要求，即外商投资企业的特定高级管理人员(如法定代表人）只能由中方担任，或者中方管理人员应当不低于一定比例。例如，通用航空公司的法定代表人须由中国籍公民担任。(3）投资方式限制。例如，医疗机构限于合资、合作。外国投资者在上述领域进行投资，应当符合负面清单规定的条件。

三、外商投资准入负面清单以外的领域，按照内外资一致的原则实施管理

在外商投资准入负面清单以外的领域，对外国投资者不设门槛，不实行特殊管理，外国投资者可以同境内投资者一样进行投资，依照同样的法律设立企业、从事生产经营活动、平等接受监管。外商投资适用与国内投资相同的准入标准、条件和程序：国内投资者禁止投资的领域，外国投资者也不得投资；国内投资者需要满足特定条件才能投资的，外国投资者也要满足相同的条件；国内投资需要履行审批、核准、备案手续的，外商投资也需要履行相同的审批、核准、备案手续；国内投资自由进入的，外商投资也可以自由进入。

2019年10月，国家发展和改革委员会、商务部发布了《市场准入负面清单（2019年版）》，对外商投资准入负面清单以外的领域的市场准入作出明确列举，按照内外资一致的原则平等适用于各类市场主体，包括外国投资者、外商投资企业。《市场准入负面清单（2019年版）》包括禁止准入事项和许可准入事项。其中明确规定：（1）对禁止准入事项，各类市场主体都不得进入，行政机关不予审批、核准，不得办理有关手续。例如，禁止生产、经营和使用国家明令禁止生产或者撤销登记的农药。（2）对许可准入事项，包括有关资格的要求、程序、技术标准和许可要求等，由市场主体提出申请，行政机关依法依规作出是否予以准入的决定。例如，未获得许可，不得从事医疗器械的生产与进口。（3）对市场准入负面清单以外的行业、领域、业务等，各类市场主体皆可依法平等进入。

四、违反外商投资准入负面清单管理制度的法律责任

按照本法第三十六条的规定：（1）外国投资者投资外商投资准入负面清单规定禁止投资的领域的，由有关主管部门责令停止投资活动，限期处分股份、资产或者采取其

他必要措施，恢复到实施投资前的状态；有违法所得的，没收违法所得。此外，违反其他法律、侵犯他人民事权利的，还应当依法承担相应的法律责任。（2）外国投资者的投资活动违反外商投资准入负面清单规定的限制性准入特别管理措施的，由有关主管部门责令限期改正，采取必要措施满足准入特别管理措施的要求；逾期不改正的，由有关主管部门责令停止投资活动，限期处分股份、资产或者采取其他必要措施，恢复到实施投资前的状态；有违法所得的，没收违法所得。此外，违反其他法律、侵犯他人民事权利的，还应当依法承担相应的法律责任。

相关规定

《中华人民共和国外商投资法》第四条、第三十六条；《外商投资准入特别管理措施（负面清单）（2019 年版）》；《自由贸易试验区外商投资准入特别管理措施（负面清单）（2019 年版）》；《市场准入负面清单（2018 年版）》

第二十九条　外商投资需要办理投资项目核准、备案的，按照国家有关规定执行。

条文主旨

本条是关于外商投资项目核准、备案的规定。

立法背景

我国对外商投资项目的管理，经历了一个不断减少管

立法背景

我国对外商投资项目的管理，经历了一个不断减少管制、简化要求、趋向内外资一致的过程。在改革开放初期，我国对外商投资项目实行逐案审批制，并对外国投资者提出了较多的要求。2004 年，为了转变职能、下放权限、简化程序、提高效率，国家发展和改革委员会颁布《外商投资项目核准暂行管理办法》，主要变化有：一是改审批制为核准制，简化了核准内容，将原来审批外商投资项目建议书和可行性研究报告改为只核准项目申请报告，且核准内容明显简化；二是进一步扩大了地方政府的核准权限，鼓励类、允许类外商投资项目由 3000 万美元提高到 1 亿美元，限制类外商投资项目由 3000 万美元提高到 5000 万美元；三是明确了核准程序和时限，属于国务院及国家发展和改革委员会核准的项目，国家发展和改革委员会自受理项目申请报告之日起 20 个工作日内，完成对项目申请报告的核准或向国务院报送审核意见，经批准，该时限可延长 10 个工作日。2014 年，为了使市场在资源配置中起决定性作用和更好发挥政府作用，国家发展和改革委员会颁布《外商投资项目核准和备案管理办法》，主要变化有：一是改革了外商投资项目管理方式，将项目全面核准改为有限核准和普遍备案相结合的管理方式；二是在准入管理上对外商投资探索试行国民待遇，即除《外商投资产业指导目录》中有中方控股（含相对控股）要求的鼓励类项目和限制类项目［现已调整为《外商投资准入特别管理措施（负面清单）（2019年版）》］外，其余外商投资项目管理方式与内资项目一致，外商投资项目核准管理在申报材料、核准条件及程序等方面的要求与内资项目也基本一致；三是进一步下放管理权限，使绝大多数外商投资项目实现属地化管理，对外商投资项目核准、备案的条件也进行了大量简化。

条文解读

外国投资者在中国投资，相关投资项目应当遵守国家有关投资项目核准、备案的规定，本条对此作出了衔接性规定。

现行《外商投资项目核准和备案管理办法》以国务院2013年发布的《政府核准的投资项目目录（2013年本）》为依据，确定实行核准制的外商投资项目范围，目前该目录已经更新至《政府核准的投资项目目录（2016年本）》。具体标准是：对关系国家安全、涉及全国重大生产力布局、战略性资源开发和重大公共利益等项目，不论内资、外资，均同等实行核准管理；同时，对外商投资少数限制类项目也实行核准管理，对其他项目则实行备案管理。

现行外商投资项目核准程序是：（1）拟申请核准的外商投资项目按国家有关要求编制项目申请报告，并附相关证明、审批文件等。（2）项目核准机关根据需要履行报批程序、商请有关行业主管部门出具书面审查意见、委托咨询评估、征求公众意见、开展专家评议等。(3) 项目核准机关自受理项目核准申请之日起20个工作日内，完成对项目申请报告的核准；经本部门负责人批准，可以延长10个工作日；委托咨询评估和进行专家评议所需时间不计入核准期限。(4) 对予以核准的项目，项目核准机关出具书面核准文件，并抄送相关部门；对不予核准的项目，应以书面说明理由，并告知项目申报单位享有依法申请行政复议或者提起行政诉讼的权利。

现行外商投资项目备案程序是：(1) 项目申报单位提交项目和投资方基本情况等信息，并附相关材料；该项目需符合国家有关法律法规、发展规划、产业政策及准入标准等。(2) 对不予备案的外商投资项目，地方投资主管部门应在7个工作日内出具书面意见并说明理由。

外商投资法明确规定“国家对外商投资实行准入前国民待遇加负面清单管理制度”，为我国进一步扩大对外开放，推动形成全面开放新格局奠定了坚实基础、指出了明确方向。有关主管部门也将根据外商投资法的精神和我国外商投资项目管理的需要，不断改革、放宽、简化、完善我国的外商投资项目核准、备案制度，使外国投资者到中国投资越来越简单、越来越便利。

相关规定

《外商投资项目核准和备案管理办法》；《政府核准的投资项目目录（2016年本）》

第三十条 外国投资者在依法需要取得许可的行业、领域进行投资的，应当依法办理相关许可手续。

有关主管部门应当按照与内资一致的条件和程序，审核外国投资者的许可申请，法律、行政法规另有规定的除外。

条文主旨

本条是关于外商投资行政许可的规定。

立法背景

所谓行政许可，是指行政机关根据公民、法人或者其他组织的申请，经依法审查，准予其从事特定活动的行为。按照行政许可法第十二条的规定，只有下列事项可以设定行政许可：（1）直接涉及国家安全、公共安全、经济宏观调控、生态环境保护以及直接关系人身健康、生命财产安全等特定活动，需要按照法定条件予以批准的事项；（2）有限自然资源开发利用、公共资源配置以及直接关系公共利益的特定行业的市场准入等，需要赋予特定权利的事项；（3）提供公众服务并且直接关系公共利益的职业、行业，需要确定具备特殊信誉、特殊条件或者特殊技能等资格、资质的事项；（4）直接关系公共安全、人身健康、生命财产安全的重要设备、设施、产品、物品，需要按照主体资格的事项；（6）法律、行政法规规定可以设定行政许可的其他事项。

按照行政许可法第十四条、第十五条的规定，只有法律、行政法规、国务院决定或地方性法规可以设定行政许可，省级人民政府规章可设定临时性市场准入管理措施。

条文解读

外国投资者在中国投资，应当遵守法律法规有关特定行业、领域行政许可的规定，依法办理相关许可手续。

原则上，外商投资与内资“政策上一致、法律上平等”，外商投资特定行业，应当与内资一样，取得相应的行政许可。2019 年 10 月，经党中央、国务院批准，国家发展和改革委员会、商务部发布了《市场准入负面清单（2019 年版)》，其中对现行有效法律、行政法规、国务院决定、地方性法规、省级人民政府规章中规定的各类市场主体进入特定行业、领域需要办理的行政许可事项（同等适用于内资和外资）作了明确列举，主要包括：（1）分 18 个行业列举的 105 个行政许可事项。例如，在农、林、牧、渔业，未获得许可，不得从事农药的试验、生产和经营；从事相关业务，需要取得相应的农药登记许可、农药生产许可、农药经营（卫生用农药除外）许可、农药登记试验单位认定和新农药登记试验审批等。（2）《政府核准的投资项目目录（2016 年本)》明确实行核准制的项目。例如，未获得许可，不得投资建设特定城建项目；其中，投资城市快速轨道交通项目，应当由省级政府按照国家批准的相关规划核准。（3）《互联网市场准入禁止许可目录》中的许可类事项。例如，未获得许可，不得从事互联网中介和商务服务；其中，通过网络经营旅行社业务的，应当依法取得旅行社业务经营许可。（4）其他个别项目。例如，未获得资质条件，不得实施援外项目；投资者应当取得援外项目实施企业资格认定。

同时，基于外商投资管理需要，我国有关法律、行政法规也对外商投资少数特殊行业规定了专门的行政许可事项；对此，外国投资者也应当依法办理行政许可手续方能进行投资。例如，中外合作办学条例规定，申请设立实施本科以上高等学历教育的中外合作办学机构，由国务院教育行政部门审批；申请设立实施高等专科教育和非学历高等教育的中外合作办学机构，由拟设立机构所在地的省、自治区、直辖市人民政府审批。

按照本条第二款的规定，除非有关法律、行政法规另有规定，有关主管部门应当按照与内资一致的条件和程序，审核外国投资者的许可申请。这里需要注意的是，虽然设定行政许可的依据不止法律、行政法规，但如果要对特定行政许可事项设定内外资不一致的条件和程序，只能在法律、行政法规中规定；地方性法规、规章、规范性文件等不得设定，设定了也无效。

不得设定，设定了也无效。

相关规定

《中华人民共和国行政许可法》；《市场准入负面清单（2018 年版）》

第三十一条　外商投资企业的组织形式、组织机构及其活动准则，适用《中华人民共和国公司法》、《中华人民共和国合伙企业法》等法律的规定。

条文主旨

本条是关于外商投资企业的组织形式、组织机构、活动准则的衔接性规定。

立法背景

“外资三法”制定于改革开放早期（中外合资经营企业法制定于 1979 年，外资企业法制定于 1986 年，中外合作经营企业法制定于 1988 年），当时我国的市场主体法律制度尚未建立（例如，公司法制定于 1993 年，合伙企业法制定于 1997 年）。因此，“外资三法”对外商投资企业的组织形式、组织机构、活动准则等都作了规定，为外商投资企业的组织和活动提供了必要的指引。随着公司法、合伙企业法等国际通行的市场主体法律的制定，在企业组织形式、组织机构、活动准则上，出现了内外资企业不一致的情况。如依照公司法的规定，公司应当建立股东会、董事会、监事会的组织架构，而中外合作经营企业法则规定，合作企业应当设立董事会或者联合管理机构，作为合作企业的权力机构，不设股东会。同时，"外资三法"对外商投资企业的特殊要求，不利于外商投资企业按照国际通行规则进一步优化企业的组织形式、组织机构、活动准则，已难以适应新时代改革开放实践的需要。

此次废止"外资三法"，制定外商投资法，定位于制定一部外商投资领域的基础性法律，重点是确立外商投资准入、促进、保护、管理等方面的基本制度框架和规则；同时，还要按照内外资一致的原则，取消对外商投资企业在企业组织形式、组织机构、活动准则方面的特殊要求，使外商投资企业能够与国内投资企业一样，按照国际通行的公司、合伙组织形式、组织机构和活动准则组织公司、开展活动。因此，本条明确规定，外商投资企业的组织形式、组织机构及其活动准则，适用《中华人民共和国公司法》《中华人民共和国合伙企业法》等法律的规定。

条文解读

一、外商投资公司的组织形式、组织机构和活动准则

外商投资企业可以按照公司法的规定，在中国境内采取有限责任公司、股份有限公司等组织形式。

1. 外商投资企业采取有限责任公司组织形式的，应当

满足有限责任公司的设立条件，包括股东符合法定人数；有符合公司章程规定的全体股东认缴的出资额；股东共同制定公司章程；有公司名称，建立符合有限责任公司要求的组织机构；有公司住所。其中，应当建立的组织机构包括股东会、董事会（或者执行董事）、监事会（或者监事）等。

2. 外商投资企业采取股份有限公司组织形式的，应当符合股份有限公司的设立条件，包括发起人符合法定人数；有符合公司章程规定的全体发起人认购的股本总额或者募集的实收股本总额；股份发行、筹办事项符合法律规定；发起人制订公司章程，采用募集方式设立的经创立大会通过；有公司名称，建立符合股份有限公司要求的组织机构；有公司住所。其中，应当建立的组织机构包括股东大会、董事会、监事会等。

外商投资企业采取有限责任公司、股份有限公司等组织形式的，应当遵守公司法关于其活动准则的规定，依法开展公司设立，股份发行、股权（股份）转让、债券发行，财务、会计，合并、分立、增资、减资，解散和清算，投资、担保等活动。

二、外商投资合伙企业的组织形式、组织机构和活动准则

外商投资企业可以按照合伙企业法的规定，在中国境内采取普通合伙企业、特殊的普通合伙企业、有限合伙企业等组织形式。

1. 外商投资企业采取普通合伙企业组织形式的，应当符合普通合伙企业的设立条件，包括有二个以上合伙人，合伙人为自然人的，应当具有完全民事行为能力；有书面合伙协议；有合伙人认缴或者实际缴付的出资；有合伙企业的名称和生产经营场所；以及法律、行政法规规定的其他条件。合伙人对执行合伙事务享有同等的权利；按照合伙协议的约定或者经全体合伙人决定，可以委托一个或者数个合伙人对外代表合伙企业，执行合伙事务；作为合伙人的法人、其他组织执行合伙事务的，由其委派的代表执行。

2. 以专业知识和专门技能为客户提供有偿服务的专业服务机构，可以设立为特殊的普通合伙企业。其特殊性在于，一个合伙人或者数个合伙人在执业活动中因故意或者重大过失造成合伙企业债务的，应当承担无限责任或者无限连带责任，其他合伙人以其在合伙企业中的财产份额为限承担责任；合伙人在执业活动中非因故意或者重大过失造成的合伙企业债务以及合伙企业的其他债务的，由全体合伙人承担无限连带责任。

3. 外商投资企业采取有限合伙企业组织形式的，应当由二个以上五十个以下合伙人设立，法律另有规定的除外；有限合伙企业至少应当有一个普通合伙人。有限合伙企业由普通合伙人执行合伙事务。有限合伙人不执行合伙事务，不得对外代表有限合伙企业。

外商投资企业采取普通合伙企业、特殊的普通合伙企业、有限合伙企业等组织形式的，应当遵守合伙企业法关于其活动准则的规定，依法开展企业设立，事务执行，入伙、退伙，解散、清算等活动。

三、现存外商投资企业组织形式的过渡

外商投资法颁布实施后，“外资三法”同步废止，现存的外商投资企业在组织形式上也应当按照公司法、合伙企业法的规定进行调整。为了避免对现存外商投资企业造成太大冲击，本法第四十二条专门规定了过渡期，明确此前按照“外资三法”设立的外商投资企业，在法律施行五年内可以继续保留原企业组织形式。

相关规定

《中华人民共和国公司法》；《中华人民共和国合伙企业法》；《中华人民共和国外商投资法》第四十二条

第三十二条　外商投资企业开展生产经营活动，应当遵守法律、行政法规有关劳动保护、社会保险的规定，依照法律、行政法规和国家有关规定办理税收、会计、外汇等事宜，并接受相关主管部门依法实施的监督检查。

条文主旨

本条是关于外商投资企业依法经营、接受监督检查的衔接性规定。

立法背景

外商投资企业是中国企业，其开展生产经营活动，自然应当遵守中国法律法规的规定，依法办理相关事宜，并接受相关主管部门依法实施的监督检查。本条通过衔接性规定，进一步明确了外商投资企业的上述义务。

条文解读

一、外商投资企业开展生产经营活动，应当遵守法律、行政法规有关劳动保护、社会保险的规定

关于劳动保护、社会保险方面的主要法律有劳动法、劳动合同法、劳动争议调解仲裁法、社会保险法等，外商投资企业在开展生活经营活动过程中都应当严格遵守。

1. 劳动法是为了保护劳动者的合法权益，调整劳动关系，建立和维护适应社会主义市场经济的劳动制度，促进经济发展和社会进步而制定的法律。外商投资企业和与之形成劳动关系的劳动者，适用劳动法。根据劳动法的规定，劳动者享有平等就业和选择职业的权利、取得劳动报酬的权利、休息休假的权利、获得劳动安全卫生保护的权利、接受职业技能培训的权利、享受社会保险和福利的权利、提请劳动争议处理的权利以及法律规定的其他劳动权利。用人单位应当依法建立和完善规章制度，保障劳动者享有劳动权利和履行劳动义务。同时，劳动法还分章对促进就业，劳动合同和集体合同，工作时间和休息休假，工资，劳动安全卫生，女职工和未成年工特殊保护，职业培训，社会保险和福利，劳动争议，以及监督检查和法律责任等作了规定。

2. 劳动合同法是为了完善劳动合同制度，明确劳动合同双方当事人的权利和义务，保护劳动者的合法权益，构建和发展和谐稳定的劳动关系而制定的法律。外商投资企业与劳动者建立劳动关系，订立、履行、变更、解除或者终止劳动合同，适用劳动合同法。根据劳动合同法的规定，订立劳动合同，应当遵循合法、公平、平等自愿、协商一致、诚实信用的原则。依法订立的劳动合同具有约束力，用人单位与劳动者应当履行劳动合同约定的义务。同时，劳动合同法还分章对劳动合同的订立，履行和变更，解除和终止，特别规定（集体合同、劳务派遣、非全日制用工），以及监督检查和法律责任等作了规定。

3. 劳动争议调解仲裁法是为了公正及时解决劳动争议，保护当事人的合法权益，促进劳动关系和谐稳定而制定的法律。外商投资企业与劳动者发生的下列劳动争议，适用劳动争议调解仲裁法：(1) 因确认劳动关系发生的争议；(2) 因订立、履行、变更、解除和终止劳动合同发生的争议；(3) 因除名、辞退和辞职、离职发生的争议；(4) 因工作时间、休息休假、社会保险、福利、培训以及劳动保护发生的争议；(5) 因劳动报酬、工伤医疗费、经济补偿或者赔偿金等发生的争议；(6) 法律、法规规定的其他劳动争议。根据劳动争议调解仲裁法的规定，发生劳动争议，劳动者可以与用人单位协商，也可以请工会或者第三方共同与用人单位协商，达成和解协议；当事人不愿协商、协商不成或者达成和解协议后不履行的，可以向调解组织申请调解；不愿调解、调解不成或者达成调解协议后不履行的，可以向劳动争议仲裁委员会申请仲裁；对仲裁裁决不服的，除该法另有规定的外，可以向人民法院提起诉讼。

4. 社会保险法是为了规范社会保险关系，维护公民参加社会保险和享受社会保险待遇的合法权益，使公民共享发展成果，促进社会和谐稳定而制定的法律。根据社会保险法的规定，国家通过建立社会保险制度，保障公民在年老、疾病、工伤、失业、生育等情况下依法从国家和社会获得物质帮助的权利；外商投资企业和个人都应当依法缴纳社会保险费。同时，社会保险法还分章对基本养老保险、基本医疗保险、工伤保险、失业保险、生育保险，以及社会保险费征缴、社会保险基金、社会保险经办、社会保险监督、法律责任等作了规定。

在上述法律规定的基础上，国务院还制定了配套的劳动合同法实施条例、女职工劳动保护特别规定、劳动保障监察条例、使用有毒物品作业场所劳动保护条例、国务院关于试行社会保险基金预算的意见等行政法规，外商投资企业都应当遵照执行。

二、外商投资企业开展生产经营活动，应当依照法律、行政法规和国家有关规定办理税收、会计、外汇等事宜

1. 外商投资企业开展生产经营活动，应当依法纳税，依照法律、行政法规和国家有关规定办理税收事宜。我国现行有效的税收法律制度包括税收实体法和税收程序法。税收实体法包括18个税种，其中有的已经制定成法律，如企业所得税法、个人所得税法等；有的目前仍以国务院行政法规的形式存在，正在逐步上升为法律，如增值税暂行条例、消费税暂行条例等。税收程序法主要是税收征收管理法。税收征收管理法是为了加强税收征收管理，规范税收征收和缴纳行为，保障国家税收收入，保护纳税人的合法权益，促进经济和社会发展而制定的法律。其中对税务管理，税务登记，账簿、凭证管理，纳税申报，税款征收，税务检查以及法律责任等作了规定。为了配合上述法律、行政法规的实施，国务院制定了一系列行政法规，财政、税务、海关等主管部门制定了一系列部门规章，有的地方还制定了地方性法规、地方政府规章等，规范和指引纳税人的纳税活动，外商投资企业都应当遵守。

2. 外商投资企业开展生产经营活动，应当依照会计法等法律、行政法规和国家有关规定办理会计事宜。会计法是为了规范会计行为，保证会计资料真实、完整，加强经济管理和财务管理，提高经济效益，维护社会主义市场经济秩序而制定的法律。外商投资企业必须依照会计法办理会计事务，依法设置会计账簿，并保证其真实、完整。外商投资企业对本企业的会计工作和会计资料的真实性、完整性负责。会计法还分章对会计核算，公司、企业会计核算的特别规定，会计监督，会计机构和会计人员，以及法律责任等都作了规定。在此基础上，企业财务会计报告条例等行政法规，财政部发布的企业会计准则等部门规章都对企业会计作了详细规定，外商投资企业都应当遵守。

3. 外商投资企业开展生产经营活动，应当依照外汇管理条例等法律、行政法规和国家有关规定办理外汇事宜。外汇管理条例是为了加强外汇管理，促进国际收支平衡，促进国民经济健康发展而制定的行政法规。境内机构、境内个人的外汇收支或者外汇经营活动，以及境外机构、境外个人在境内的外汇收支或者外汇经营活动，适用该条例。外汇管理条例还分章对经常项目外汇管理，资本项目外汇管理，金融机构外汇业务管理，人民币汇率和外汇市场管理，以及监督管理和法律责任等作了规定。在此基础上，人民银行、国家外汇管理局制定的境内外汇划转管理暂行规定、境内外汇账户管理规定等部门规章，都对企业外汇管理作了详细规定，外商投资企业都应当遵守。

三、外商投资企业开展生产经营活动，应当接受相关主管部门依法实施的监督检查

1. 有关主管部门开展监督检查，应当依法进行。对外商投资企业是否遵守法律规定、依法开展生产经营活动，有关主管部门有权进行监督检查。监督检查包括日常监督检查和查处涉嫌违法行为，都应当依法进行。

在日常监督检查方面，2019 年 1 月发布的《国务院关于在市场监管领域全面推行部门联合“双随机、一公开”监管的意见》明确提出，在市场监管领域全面推行部门联合“双随机、一公开”监管，实行抽查事项清单管理，避免多头执法、重复检查，规范执法行为，提高监管效能，减轻企业负担，强化信用支撑；健全以“双随机、一公开”监管为基本手段、以重点监管为补充、以信用监管为基础的新型监管机制，切实做到对违法者“利剑高悬”，对守法者“无事不扰”，进一步营造公平竞争的市场环境和法治化、便利化的营商环境。

在查处涉嫌违法行为方面，相关法律法规在赋予相关主管部门监督检查权的同时，都对其权力行使作出了严格的限定。例如，根据反不正当竞争法的规定，监督检查部门调查涉嫌不正当竞争行为，需要查封、扣押与涉嫌不正当竞争行为有关的财物的，应当做到：（1）向设区的市级以上人民政府监督检查部门主要负责人书面报告，并经批准；（2）遵守《中华人民共和国行政强制法》和其他有关法律、行政法规的规定；（3）将查处结果及时向社会公开；（4）对调查过程中知悉的商业秘密负有保密义务。

2. 外商投资企业应当接受有关主管部门的监督检查，这是守法企业应尽的义务；不接受、不配合监督检查的，将要承担相应的法律责任。例如，反不正当竞争法中规定，监督检查部门调查涉嫌不正当竞争行为，被调查的经营者、利害关系人及其他有关单位、个人应当如实提供有关资料或者情况；妨害监督检查部门依照本法履行职责，拒绝、阻碍调查的，由监督检查部门责令改正，处以罚款，并可以由公安机关依法给予治安管理处罚。

相关规定

《中华人民共和国劳动法》；《中华人民共和国劳动合同法》；《中华人民共和国劳动争议调解仲裁法》；《中华人民共和国社会保险法》；《中华人民共和国企业所得税法》；《中华人民共和国个人所得税法》；《中华人民共和国资源税法》；《中华人民共和国车船税法》；《中华人民共和国车辆购置税法》；《中华人民共和国耕地占用税法》；《中华人民共和国烟叶税法》；《中华人民共和国船舶吨税法》；《中华人民共和国环境保护税法》；《中华人民共和国税收征收管理法》；《中华人民共和国会计法》；《中华人民共和国反不正当竞争法》；《中华人民共和国外汇管理条例》

第三十三条　外国投资者并购中国境内企业或者以其他方式参与经营者集中的，应当依照《中华人民共和国反垄断法》的规定接受经营者集中审查。

条文主旨

本条是关于外商投资经营者集中审查的衔接性规定。

立法背景

《中华人民共和国反垄断法》对经营者集中审查作了规定。在此基础上，国务院制定了关于经营者集中申报标准的规定；商务部、国家市场监督管理总局（2018 年 3 月，国务院机构改革方案将商务部的经营者集中反垄断执法职权划转至国家市场监督管理总局）等部门先后制定了《经营者集中申报办法》《经营者集中审查办法》《金融业经营者集中申报营业额计算办法》《关于经营者集中附加限制性条件的规定（试行）》《未依法申报经营者集中调查处理暂行办法》《经营者集中反垄断审查办事指南》等部门规章，对反垄断法关于经营者集中审查的规定进行了细化。外国投资者并购中国境内企业或者以其他方式参与经营者集中的，应当依照《中华人民共和国反垄断法》及其配套规定接受经营者集中审查。

条文解读

一、关于经营者集中的界定和申报标准

反垄断法第二十条规定，经营者集中是指下列情形：（1）经营者合并；（2）经营者通过取得股权或者资产的方式取得对其他经营者的控制权；（3）经营者通过合同等方

式取得对其他经营者的控制权或者能够对其他经营者施加决定性影响。

反垄断法第二十一条规定，经营者集中达到国务院规定的申报标准的，经营者应当事先向国务院反垄断执法机构申报，未申报的不得实施集中。据此，《国务院关于经营者集中申报标准的规定》第三条将申报标准确定为：(1) 参与集中的所有经营者上一会计年度在全球范围内的营业额合计超过100亿元人民币，并且其中至少两个经营者上一会计年度在中国境内的营业额均超过4亿元人民币；(2) 参与集中的所有经营者上一会计年度在中国境内的营业额合计超过20亿元人民币，并且其中至少两个经营者上一会计年度在中国境内的营业额均超过4亿元人民币。同时，考虑到银行、保险、证券、期货等特殊行业、领域的实际情况，商务部、中国人民银行、银监会、证监会、保监会根据授权另行制定了《金融业经营者集中申报营业额计算办法》。此外，《国务院关于经营者集中申报标准的规定》第四条还规定，经营者集中未达到上述申报标准，但按照规定程序收集的事实和证据表明该经营者集中具有或者可能具有排除、限制竞争效果的，国务院反垄断执法机构应当依法进行调查。

反垄断法第二十二条还规定了经营者集中申报的除外情形。经营者集中有下列情形之一的，即使满足上述申报条件，也可以不向国务院反垄断执法机构申报：(1) 参与集中的一个经营者拥有其他每个经营者百分之五十以上有表决权的股份或者资产的；（2）参与集中的每个经营者百分之五十以上有表决权的股份或者资产被同一个未参与集中的经营者拥有的。

二、经营者集中审查的程序

反垄断法第二十三条、第二十四条对经营者集中应当提交的文件、资料作了规定，包括：（1）申报书；（2）集中对相关市场竞争状况影响的说明；（3）集中协议；（4）参与集中的经营者经会计师事务所审计的上一会计年度财务会计报告；（5）国务院反垄断执法机构规定的其他文件、资料。申报书应当载明参与集中的经营者的名称、住所、经营范围、预定实施集中的日期和国务院反垄断执法机构规定的其他事项。经营者提交的文件、资料不完备的，应当在国务院反垄断执法机构规定的期限内补交文件、资料。经营者逾期未补交文件、资料的，视为未申报。

反垄断法第二十五条、第二十六条对国务院反垄断执法机构经营者集中审查程序作了规定，包括：（1）初步审查。国务院反垄断执法机构应当自收到经营者提交的符合规定的文件、资料之日起三十日内，对申报的经营者集中进行初步审查，作出是否实施进一步审查的决定，并书面通知经营者。国务院反垄断执法机构作出决定前，经营者不得实施集中。国务院反垄断执法机构作出不实施进一步审查的决定或者逾期未作出决定的，经营者可以实施集中。

(2) 进一步审查。国务院反垄断执法机构决定实施进一步审查的，应当自决定之日起九十日内审查完毕，作出是否禁止经营者集中的决定，并书面通知经营者。作出禁止经营者集中的决定，应当说明理由。审查期间，经营者不得实施集中。有法定情形的，国务院反垄断执法机构经书面通知经营者，可以延长审查期限，但最长不得超过六十日。国务院反垄断执法机构逾期未作出决定的，经营者可以实施集中。

反垄断法第二十七条对审查经营者集中应当考虑的因素作了规定，包括：(1) 参与集中的经营者在相关市场的市场份额及其对市场的控制力；(2) 相关市场的市场集中度；(3) 经营者集中对市场进入、技术进步的影响；(4) 经营者集中对消费者和其他有关经营者的影响；(5) 经营者集中对国民经济发展的影响；(6) 国务院反垄断执法机构认为应当考虑的影响市场竞争的其他因素。

反垄断法第二十八条、第二十九条对经营者集中审查的结果作了规定：(1) 经营者集中具有或者可能具有排除、限制竞争效果的，国务院反垄断执法机构应当作出禁止经营者集中的决定。但是，经营者能够证明该集中对竞争产生的有利影响明显大于不利影响，或者符合社会公共利益的，国务院反垄断执法机构可以作出对经营者集中不予禁止的决定。(2) 对不予禁止的经营者集中，国务院反垄断执法机构可以决定附加减少集中对竞争产生不利影响的限制性条件。同时，该法第三十条规定，国务院反垄断执法机构应当将禁止经营者集中的决定或者对经营者集中附加限制性条件的决定，及时向社会公布。

三、经营者违反规定实施集中的法律责任

反垄断法第四十八条、第四十九条对经营者违法实施集中的行政责任作了规定，包括由国务院反垄断执法机构责令停止实施集中、限期处分股份或者资产、限期转让营业以及采取其他必要措施恢复到集中前的状态，可以处五十万元以下的罚款。反垄断执法机构确定具体罚款数额时，应当考虑违法行为的性质、程度和持续的时间等因素。

反垄断法第五十条对经营者违法实施集中的民事责任作了规定，即给他人造成损失的，依法承担民事责任。

相关规定

《中华人民共和国反垄断法》

第三十四条 国家建立外商投资信息报告制度。外国投资者或者外商投资企业应当通过企业登记系统以及企业信用信息公示系统向商务主管部门报送投资信息。

外商投资信息报告的内容和范围按照确有必要的原则确定；通过部门信息共享能够获得的投资信息，不得再行要求报送。

条文主旨

本条是关于外商投资信息报告制度的规定。

立法背景

“外资三法”制定于改革开放早期，当时由于缺乏实践经验，采取了逐案审批的模式。2016 年全国人大常委会对“外资三法”进行了修改，在多数领域，外商投资由审批制改为备案制。在审批（备案）过程中，外商投资企业需要提供相关信息。例如，中外合资经营企业法实施条例规定，申请设立合营企业，由中外合营者共同向审批机构报送下列文件：(1）设立合营企业的申请书；(2）合营各方共同编制的可行性研究报告；(3）由合营各方授权代表签署的合营企业协议、合同和章程；(4）由合营各方委派的合营企业董事长、副董事长、董事人选名单；(5）审批机构规定的其他文件。

此次废止“外资三法”，制定外商投资法，取消了设立外商投资企业的审批（备案）制度，但为了做好事中事后监管，国家仍需要了解外国投资者、外商投资企业的投资信息，以便为外商投资政策制定和外资管理提供基础和依据。因此，外商投资法借鉴许多国家外资管理方面的通行做法，明确规定，国家建立外商投资信息报告制度。

条文解读

一、部分国家外商投资信息报告制度的有关情况

（一）美国

在美国，履行信息报告义务的主体是被外国人直接或者间接持有或者控制10%以上股份的外商投资企业。需要提交的报告包括两类四种：（1）初始报告。当外国投资者通过直接投资在美国建立新的外国投资关系，或者外国投资企业及其外国母公司在美国设立新的法律实体、扩张营业或者并购美国企业时，应当向经济分析局提交初始报告。需要报告的内容主要是外国投资者、外商投资企业的基本信息、控制关系、交易信息、基本财务数据、企业运营状况。（2）定期报告，包括季度报告、年度报告和五年一度报告。其中，五年一度报告为主动报告，所有符合报告要求的主体均需主动提交；季度报告和年度报告属于被动报告，只有接到经济分析局通知的外商投资企业才需要提交。季度报告是为了掌握外国投资企业与其境外母公司、关联公司之间的交易情况及投资现状；年度报告是为了掌握外国投资企业的年度财务和运营数据；五年一度报告是为了全面掌握美国境内的外国直接投资情况，需要填报信息最多，包括公司基本情况、财务和运营数据、外国投资企业与其境外母公司、关联公司之间的交易情况及投资现状等。需要说明的是，上述四种报告采取梯度报告、豁免报告制度，即根据持股比例、投资金额、总资产、年度销售额或营业收入等标准，对

低于一定标准的企业豁免报告，要求超过不同标准的企业填报不同的表格，标准越高，需要填报的信息越详细。

（二）加拿大

加拿大将外国投资分为无须审批的投资和须经审批的投资，对外国投资者规定了不同的信息报告要求。（1）对于无须审批的投资，投资者仅需在进入阶段简单报告一些基本信息，包括外国投资者信息、投资信息，以及投资涉及的在加拿大开展业务、取得加拿企业控制权、新设加拿大业务、投资文化领域的基本信息。（2）对于须经审批的投资，投资者除了在进入阶段按照审批条件要求提交详细信息外，在经营过程中还要提交监管信息报告，详细说明计划、承诺的实际执行情况，未能实现计划、承诺的，还要说明情况、原因、造成的影响、补救办法等。此外，加拿大的外商投资企业还应当按照《加拿大商业公司法》的规定提交企业年报；企业年报遵循内外资企业一致原则，对外商投资企业没有额外要求。

（三）德国

在德国，外国人单独或合计持有本国公司 10%、50%的股票或者投票权，或者外国公司在德国设立公司、分支机构等，涉及金额超过 300 万欧元的，本国公司、外国公司分支机构等应当向联邦银行报告相关资产状态及构成。此外，德国的外商投资企业还应当像内资企业一样，在办理公司商事登记时提交公司基本信息，并依法提交年度财务报告；德国对外商投资企业没有额外的信息报告要求。

(四) 日本

日本将外国投资分为事前审批、事后报告、单纯登记三类，分别规定了相应的信息报告义务：(1) 外国投资者投资事前审批类项目，应当在实施投资前6个月内，向日本银行提交申请材料，包括申请人、标的公司、拟收购股票、收购目的、实际控制人、关联人持有标的公司股票数量等信息。在经营过程中，外国投资者还应当向日本银行报告特定重大信息，如取得或者处置股权，发行公司债券、获得贷款及其偿还，终止营业或者注销企业等。(2) 外国投资者投资事后报告类项目，应当在投资实施的次月15日前向日本银行报告，内容包括报告人、标的公司、股票种类、关联人持股情况、转让方、收购和支付的日期等。(3) 外国投资者投资单纯登记类项目，只需要和本国人一样，就特定事项提交报告，具体包括资本交易报告、与资本有关的外汇流动报告以及其他业务报告。此外，对符合特定情形的外国投资者，豁免信息报告义务。

二、我国的外商投资信息报告制度

1. 外国投资者或者外商投资企业应当通过企业登记系统以及企业信用信息公示系统向商务主管部门报送投资信息。这里需要注意的是：第一，负有信息报告义务的主体既包括外国投资者，也包括外商投资企业。第二，获取外商投资信息的主管部门是商务主管部门，商务主管部门对要求外商投资企业报送的信息，应当作出明确规定，提出具体要求。第三，需要报送的信息是外商投资信息，商务主管部门不能要求外国投资者、外商投资企业报送与外商投资无关的信息。第四，信息报告的渠道是市场监督管理部门的企业登记系统以及企业信用信息公示系统，而不是另设一个专门的外商投资信息报告系统。

2. 为尽量减轻外国投资者、外商投资企业的负担，本条特别规定，外商投资信息报告的内容和范围按照确有必要的原则确定；通过部门信息共享能够获得的投资信息，不得再行要求报送。根据这一规定，第一，商务主管部门在确定外商投资信息报告的内容和范围时，应当遵循确有必要的原则，不能要求外国投资者、外商投资企业报送与外商投资无关的信息、没有必要报送的信息。第二，外商投资企业在企业登记系统以及企业信用信息公示系统上已有的信息，不得再行要求报送。企业登记系统是国家市场监管总局设立的办理各类型企业设立、变更、备案、注销等手续的互联网系统；其中已经包含了企业法人登记注册的主要事项，如企业法人名称、住所、经营场所、法定代表人、经济性质、经营范围、经营方式、注册资金、从业人数、经营期限、分支机构等信息。企业信用信息公示系统不仅是企业报送并公示年度报告和即时信息的法定平台，而且是市场监管部门归集并公示各政府部门履行职责过程中产生的依法应当公示的涉企信息的平台；其中已经包含了基础信息（如营业执照、股东及出资、主要人员、企业年报等），行政许可信息，行政处罚信息，列入经营异常名录信息，列入严重违法失信企业名单（黑名单）信息五个板块数十类信息。第三，商务主管部门与其他部门通过其他渠道实现部门信息共享能够获得的投资信息，也不得再行要求报送。第四，对于部门信息共享无法获取，而又确有必要了解的信息，商务主管部门可以要求市场监督管理部门添加相应的信息报送模块、接口或者页面等，供外国投资者、外商投资企业填报；外国投资者、外商投资企业应当依法填报。总体上看，外商投资信息报告制度不会给外商投资企业造成太重的负担。

3. 违反信息报告义务的法律责任。本法第三十七条明确规定，外国投资者、外商投资企业违反本法规定，未按照外商投资信息报告制度的要求报送投资信息的，由商务主管部门责令限期改正；逾期不改正的，处十万元以上五十万元以下的罚款。

相关规定

《中华人民共和国外商投资法》第三十七条

第三十五条 国家建立外商投资安全审查制度，对影响或者可能影响国家安全的外商投资进行安全审查。

依法作出的安全审查决定为最终决定。

条文主旨

本条是关于外商投资安全审查制度的规定。

立法背景

外商投资国家安全审查制度，是指东道国可以涉及国家安全为理由，对纳入审查范围的外商投资行为进行审查，评估该投资行为对东道国国家的风险和影响，并据此对该外商投资采取禁止或者限制措施的制度。该制度最早由美国于 20 世纪 70 年代创设，后被英国、德国、法国、日本等主要市场经济国家认可和效仿，目前已经成为外商投资管理方面的一项基本制度，在平衡经济利益与国家安全方面发挥了重要作用。

我国此次制定外商投资法，实行准入前国民待遇加负面清单管理制度，大幅度放宽了市场准入。与此同时，就需要在法律层面确立国家安全审查制度，对影响或者可能影响国家安全的外商投资进行安全审查，以防范外商投资对国家可能出现的不利影响。

条文解读

一、部分国家的外商投资国家安全审查制度

（一）美国

美国外国投资委员会（CFIUS）负责对可能影响国家安全的外资并购交易进行审查。CFIUS 是一个跨部门的机

构，由财政部牵头，成员包括国土安全部、商务部、国防部、国务院、司法部、能源部部门负责人以及美国贸易代表、科技政策办公室主任等。只要总统或CFIUS认为“涵盖交易”（外国投资者兼并、收购或接管美国企业并取得实际控制权的行为）存在国家安全威胁，就可以启动审查程序。审查采取“实质高于形式”的原则，可以穿透任何复杂的交易结构，审查最终资金来源是否具有政府背景，并购是否对美国国家安全造成不利影响。

（二）英国

英国通过两种方法解决外国投资引起的国家安全问题：一是持股比例限制。政府持有少数在国防领域经营的重要英国公司的黄金股，可以阻止外国投资者获得超过一定比例的公司股权。二是反垄断审查。英国政府可以以并购损害公共利益（包括国家安全）为由作出拒绝并购的裁决。

（三）德国

德国联邦经济与能源部（BMWI）负责对外商投资进行国家安全审查。审查的内容是判断该交易是否威胁公共安全和公共秩序，分为特殊行业审查和跨行业审查。(1）特殊行业审查针对所有非本国居民（含外国人在本国设立分支机构及永久机构）的收购行为，收购方应当主动向BMWI申请审查。(2）跨行业审查针对所有非欧盟居民的收购行为，不要求收购方主动申请审查，BMWI在得知该交易后3个月内可以发起审查，最长不超过交易后5年。

（四）日本

日本财务省会同警察厅、金融厅、农林水产省、厚生劳动省、国土交通省、总务省、文部科学省、经济产业省、环境省等部门，共同负责外国投资准入管理和安全审查。审查范围包括：外国投资者取得日本非上市公司股份或取得日本上市公司10%以上的股份，北朝鲜、伊拉克等30个国家的对日投资，外商投资《外汇及外国贸易法》规定的“保留行业”和涉及国家安全的限制行业。

（五）俄罗斯

俄罗斯通过两种途径解决外国投资国家安全问题：一是禁止外资收购某些行业（如赌博业、人寿保险业），也不允许农业用地或边境地区土地存在外国所有权。二是对外商投资“战略性企业”（包括13大类42小类）进行国家安全审查。俄罗斯外国投资监管委员会负责对外国投资进行安全审查。该委员会由总理担任主席，成员包括联邦反垄断局、安全局、国防部和原子能机构。外国投资者取得战略性企业50%以上股权的，须经外国投资监管委员会批准；外国国有企业取得战略性企业25%以上股权的，也须经该委员会批准；针对外国主权投资者还有更严格的限制。

二、我国的外商投资安全审查制度

我国现行反垄断法、国家安全法等法律已经对外商投资安全审查作了规定。反垄断法第三十一条规定，对外资并购境内企业或者以其他方式参与经营者集中，涉及国家安全的，除依照本法规定进行经营者集中审查外，还应当按照国家有关规定进行国家安全审查。国家安全法第五十九条规定，国家建立国家安全审查和监管的制度和机制，对影响或者可能影响国家安全的外商投资等事项和活动，进行国家安全审查，有效预防和化解国家安全风险。

实践中，2011 年 2 月国务院办公厅印发《关于建立外国投资者并购境内企业安全审查制度的通知》，建立了外国投资者并购境内企业的安全审查制度。并购安全审查的范围为：外国投资者并购境内军工及军工配套企业，重点、敏感军事设施周边企业，以及关系国防安全的其他单位；外国投资者并购境内关系国家安全的重要农产品、重要能源和资源、重要基础设施、重要运输服务、关键技术、重大装备制造等企业，且实际控制权可能被外国投资者取得。2015 年 4 月，国务院办公厅印发《自由贸易试验区外商投资国家安全审查试行办法》，对影响或可能影响国家安全、国家安全保障能力，涉及敏感投资主体、敏感并购对象、敏感行业、敏感技术、敏感地域的外商投资进行安全审查。其安全审查范围为：外国投资者在自贸试验区内投资军工、军工配套和其他关系国防安全的领域，以及重点、敏感军事设施周边地域；外国投资者在自贸试验区内投资关系国家安全的重要农产品、重要能源和资源、重要基础设施、重要运输服务、重要文化、重要信息技术产品和服务、关键技术、重大装备制造等领域，并取得所投资企业的实际控制权。同时，这两个文件对安全审查的内容、工作机制和程序等作了明确规定。在过去 8 年的外资安全审查制度实施过程中，中国坚持做到既防范国家安全风险，又避免将安全审查泛化，稳妥处理好了积极利用外资与有效维护国家安全的关系。

在借鉴国际经验、总结实践经验的基础上，本法对外商投资安全审查制度在法律层面再次予以确认，有利于为进一步扩大开放提供制度保障，有利于营造法治化、国际化、便利化的营商环境。因此，本条明确规定：（1）国家建立外商投资安全审查制度，对影响或者可能影响国家安全的外商投资进行安全审查。（2）依法作出的安全审查决定为最终决定，即对外商投资国家安全审查决定，不能提起行政复议或者行政诉讼。

相关规定

《中华人民共和国反垄断法》；《中华人民共和国国家安全法》

第五章　法律责任

第三十六条　外国投资者投资外商投资准入负面清单规定禁止投资的领域的，由有关主管部门责令停止投资活动，限期处分股份、资产或者采取其他必要措施，恢复到实施投资前的状态；有违法所得的，没收违法所得。

外国投资者的投资活动违反外商投资准入负面清单规定的限制性准入特别管理措施的，由有关主管部门责令限期改正，采取必要措施满足准入特别管理措施的要求；逾期不改正的，依照前款规定处理。

外国投资者的投资活动违反外商投资准入负面清单规定的，除依照前两款规定处理外，还应当依法承担相应的法律责任。

条文主旨

本条是关于外国投资者违反外商投资准入负面清单禁止、限制投资的规定所应当承担的法律责任的规定。

条文解读

本法在第一章总则第四条中规定，国家对外商投资实行准入前国民待遇加负面清单管理制度。准入前国民待遇，是指在投资准入阶段给予外国投资者及其投资不低于本国投资者及其投资的待遇；负面清单，是指国家规定在特定领域对外商投资实施的准入特别管理措施。国家对负面清单之外的外商投资，给予国民待遇。负面清单由国务院发布或者批准发布。中华人民共和国缔结或者参加的国际条约、协定对外国投资者准入待遇有更优惠规定的，可以按照相关规定执行。第四条的规定确立了外商投资领域准入前国民待遇加负面清单管理制度的基本框架，同时本法第二十八条对准入前国民待遇加负面清单管理制度作了具体规定："外商投资准入负面清单规定禁止投资的领域，外国投资者不得投资。外商投资准入负面清单规定限制投资的领域，外国投资者进行投资应当符合负面清单规定的条件。外商投资准入负面清单以外的领域，按照内外资一致的原则实施管理。"本条针对第四条、第二十八条的内容规定了具体的法律责任，使准入前国民待遇加负面清单制度更具可操作性和指引性，同时对不同性质的违法行为规定了相应的法律责任，明确了外国投资者投资的边界。

1. 对于负面清单之外的领域，也就是国家没有规定实施准入特别管理措施的领域，对外国投资者不设门槛，不实行特殊管理，外国投资者可以同境内投资者一样进行投资，依照同样的国内法律设立企业、从事生产经营活动、平等接受监管。

2. 外商投资准入负面清单包括禁止投资类和限制投资类，适用于各类市场主体基于自愿的初始投资、扩大投资、并购投资等投资经营行为及其他市场进入行为。

（1）对于禁止投资的领域，以负面清单形式逐一列明，确定红线，外国投资者、外国投资企业有着合理明确的预期。对禁止投资的领域，外国投资者不得投资进入，行政机关不予审批、核准，不办理有关手续。违反禁止投资领域的规定进行投资活动的，有关主管部门将采取责令停止投资活动、限期处分股份、资产或者采取其他必要措施，恢复到实施投资前的状态；有违法所得的，还将没收违法所得。

（2）对于负面清单限制投资的领域，限制条件是明确的，外国投资者、外商投资企业在从事投资、经营活动时，也有着合理的预期和明确的指引。对限制投资的领域，或由外国投资者提出申请，行政机关依法依规作出是否予以准入的决定，或由外国投资者依照规定的准入条件和准入方式合规进入。违反这一规定的，由有关主管部门责令限期改正，采取必要措施满足准入特别管理措施的要求；逾期不改正的，有关主管部门将采取责令停止投资活动、限期处分股份、资产或者采取其他必要措施，恢复到实施投资前的状态；有违法所得的，还将没收违法所得。

外国投资者的投资活动违反外商投资准入负面清单规定，还可能在不同程度、不同层面上违反我国其他法律的相关规定，因此，本条第三款规定，外国投资者的投资活动违反外商投资准入负面清单规定的，除依照前两款规定处理外，还应当依法承担相应的法律责任。

相关规定

《中华人民共和国外商投资法》第四条、第二十八条

第三十七条　外国投资者、外商投资企业违反本法规定，未按照外商投资信息报告制度的要求报送投资信息的，由商务主管部门责令限期改正；逾期不改正的，处十万元以上五十万元以下的罚款。

条文主旨

本条是关于违反信息报告义务时，外国投资者、外商投资企业所承担的法律责任的规定。

条文解读

本法第三十四条，在立法层面正式建立了外商投资信息报告制度：“外国投资者或者外商投资企业应当通过企业登记系统以及企业信用信息公示系统向商务主管部门报送投资信息。外商投资信息报告的内容和范围按照确有必要

的原则确定；通过部门信息共享能够获得的投资信息，不得再行要求报送。”

本条是关于违反第三十四条的法律责任，适应了新型外商投资管理模式的需要，体现了新外商投资法着眼于进一步深化落实外商投资领域“放管服”改革的要求，以及营造法治化、国际化、便利化营商环境的目标。对未按要求报送投资信息的外国投资者、外商投资企业，先由商务主管部门责令限期改正的规定，主要是考虑到外商投资信息报告制度的建立是为了便于投资管理而非对外商投资企业进行处罚。对于逾期不改正的，才会处以十万元以上五十万元以下的罚款。

相关规定

《中华人民共和国外商投资法》第三十四条

第三十八条　对外国投资者、外商投资企业违反法律、法规的行为，由有关部门依法查处，并按照国家有关规定纳入信用信息系统。

条文主旨

本条是关于外国投资者、外商投资企业违法违规行为的查处和信用监管的规定。

立法背景

随着我国经济的持续快速发展，越来越多的外国投资者、外商投资企业来到我国进行投资活动。既然选择了中国市场、选择了在中国境内进行投资活动，就要严格、公平地遵守中国的法律法规。

条文解读

本法第六条规定："在中国境内进行投资活动的外国投资者、外商投资企业，应当遵守中国法律法规，不得危害中国国家安全、损害社会公共利益。"例如，遵守公司法、合伙企业法、个人独资企业法、企业破产法等市场主体法律，遵守合同法、物权法、担保法、票据法等市场交易法律，遵守反不正当竞争法、反垄断法等市场竞争法律，遵守劳动法、劳动合同法等劳动用工法律，遵守企业所得税法等税收法律。违反上述法律规定的，应当由有关部门依法查处。

1. 外商投资法是我国外商投资领域的基础性法律，与行政法规、部门规章、地方性法规等共同构成外商投资领域的法律体系。同时，外商投资领域涉及范围广，相关法律法规和规范性文件多，对违法违规行为难以采取列举方式穷尽，因此，只在基本法中作出原则性规定。

2. 诚信是市场经济的基石，也是现代经济的黄金规则，违法违规行为会使市场经济的健康发展受到威胁，因此，将违法违规行为纳入信用信息系统，能够有效规范市场主体的行为，维护经济秩序的良性运转。

（1）我国很多法律都对信用记录、信用档案等进行了规定，例如，反不正当竞争法第二十六条规定："经营者违反本法规定从事不正当竞争，受到行政处罚的，由监督检查部门记入信用记录，并依照有关法律、行政法规的规定予以公示。"网络安全法第七十一条规定："有本法规定的违法行为的，依照有关法律、行政法规的规定记入信用档案，并予以公示。"

（2）根据有关法规和部门规章的规定，在土壤污染防治、工业和信息化、交通运输、质量监督和检验检疫、民事诉讼等领域均有涉及信用信息制度的规定。将严重违反市场竞争原则、扰乱市场经济秩序、侵犯劳动者和他人合法权益的外国投资者、外商投资企业列入"黑名单"，对严重违法失信者依法实行市场禁入。在食品药品、安全生产、消防安全、交通安全、环境保护、生物安全、产品质量、税收缴纳、医疗卫生、劳动保障、工程建设、金融服务、知识产权、司法诉讼、电子商务、志愿服务等领域，在信用信息系统的基础上，根据不同性质、不同情况，有针对性地采取制约措施，增加违法成本。

第三十九条 行政机关工作人员在外商投资促进、保护和管理工作中滥用职权、玩忽职守、徇私舞弊的，或者泄露、非法向他人提供履行职责过程中知悉的商业秘密的，依法给予处分；构成犯罪的，依法追究刑事责任。

条文主旨

本条是关于行政机关工作人员在外商投资促进、保护和管理工作中滥用职权、玩忽职守、徇私舞弊的，或者泄漏、非法向他人提供履行职责过程中知悉的商业秘密的行为所应当承担的法律责任的规定。

条文解读

1. 从事外商投资促进、保护和管理工作的行政机关工作人员，应当依法履行职责。从事外商投资促进、保护和管理工作的行政机关工作人员负有依法进行各自职责范围内工作的职责，必须秉公办理、廉洁自律、忠于职守、文明服务，努力创造国际化便利化的良好营商环境。但是，在实际工作中，也有个别行政机关工作人员出现下列违法履职的行为：

（1）玩忽职守，是指从事外商投资促进、保护和管理工作的行政机关工作人员不履行、不正确履行或者放弃履行职责，违法办理外商投资促进、保护和管理相关工作。

（2）滥用职权，是指外商投资促进、保护和管理的行政机关工作人员违反法律规定的职责权限和程序，滥用职权或者超越职权，违法办理外商投资促进、保护和管理相关事项。

（3）徇私舞弊，是指从事外商投资促进、保护和管理的行政机关工作人员因图私利或者亲友私情等个人原因而玩忽职守、滥用职权，违法办理外商投资促进、保护和管理等相关事项。

本法第二十三条规定，行政机关及其工作人员对于履行职责过程中知悉的外国投资者、外商投资企业的商业秘密，应当依法予以保密，不得泄露或者非法向他人提供。违反者，要依法承担相应的责任。商业秘密，是指不为公众所知悉、具有商业价值并经权利人采取相应保密措施的技术信息、经营信息等商业信息。例如，管理方法、产销策略、客户名单、货源情报等经营信息，生产配方、工艺流程、技术诀窍、设计图纸等技术信息。泄漏、非法向他人提供履行职责过程中知悉的商业秘密，是指从事外商投资促进、保护和管理的行政机关工作人员违反法律规定，将履行职责过程中知悉的外国投资者、外商投资企业的商业秘密，泄漏或者非法提供给他人。

2. 行政机关工作人员违法行为的行政责任。从事外商投资促进、保护和管理工作的行政机关工作人员虽有本条规定的行为，但情节显著轻微，危害性不大，根据刑法的有关规定尚不构成犯罪的，应当依法给予处分。处分，是指国家机关根据法律、行政法规的规定，按照行政隶属关系，对犯有轻微违法行为或者违反内部纪律人员给予的一种制裁。处分分为：警告、记过、记大过、降级、撤职、开除。对有上述违法行为但尚不构成犯罪的从事外商投资促进、保护和管理工作的行政机关工作人员，可以由其所在单位或者其上级主管机关或者监察机关视情节轻重，酌情给予相应的处分。

3. 根据刑法的有关规定，行政机关工作人员在外商投资促进、保护和管理工作中滥用职权、玩忽职守、徇私舞弊的，或者泄漏、非法向他人提供履行职责过程中知悉的商业秘密，可能构成渎职罪。根据刑法第三百九十七条的规定，从事外商投资促进、保护和管理工作的行政机关工作人员滥用职权或者玩忽职守，致使公共财产、国家和人民利益遭受重大损失的，构成渎职罪。犯本罪的，处 3 年以下有期徒刑或者拘役；情节特别严重的，处 3 年以上 7 年以下有期徒刑。从事外商投资促进、保护和管理工作的行政机关工作人员徇私舞弊，犯上述罪行的，处 5 年以下有期徒刑或者拘役；情节特别严重的，处 5 年以上 10 年以下有期徒刑。

相关规定

《中华人民共和国外商投资法》第二十三条；《中华人民共和国公务员法》；《中华人民共和国监察法》；《中华人民共和国刑法》

第六章　附　　则

第四十条　任何国家或者地区在投资方面对中华人民共和国采取歧视性的禁止、限制或者其他类似措施的，中华人民共和国可以根据实际情况对该国家或者该地区采取相应的措施。

条文主旨

本条是关于我国在国际投资领域实施对等报复措施的原则性规定。

立法背景

我国已经是吸引外资和对外投资并重的双向投资大国，外商投资法旨在推动新一轮高水平对外开放。在国际投资领域，我国奉行对等、反对歧视的原则，在扩大开放方面坚持合作共赢，但也不会对外界的霸凌行为不作为，对于那些对我国采取歧视性禁止和限制等措施的国家和地区，我们也将给予适当的回应，捍卫我国投资者的利益和国家利益。因此，本条的立法目的不在于对其他国家或者地区的投资者、投资企业率先采取禁止、限制或者其他类似措施，而在于能够有效维护我国在国际投资领域的合法权益。

条文解读

本条在促进和保护外国投资者权益的同时，借鉴国际通行规则，以法律条文形式明确中国可以针对有关国家和地区歧视中资的措施采取相应反制措施，为我国在国际投资领域根据实际情况采取反制措施提供了国内法上的依据。

实施“相应措施”的限制条件有三个：一是歧视性的禁止、限制或者其他类似措施发生在投资领域；二是其他国家和地区已经采取了歧视性的禁止、限制或者其他类似措施；三是要根据实际情况的需要。同时，“根据实际情况”和可以采取“相应措施”是紧密联系的。理论上，在出现针对我国海外投资的歧视性的禁止、限制或者其他类似措施时，我国可以通过双边磋商、区域或双边贸易投资协定所规定的其他争议解决机制进行解决，但同时也保留实施反制措施的权力。

对外贸易法中也有类似规定。对外贸易法第七条规定，任何国家或者地区在贸易方面对中华人民共和国采取歧视性的禁止、限制或者其他类似措施的，中华人民共和国可以根据实际情况对该国家或者该地区采取相应的措施。

相关规定

《中华人民共和国对外贸易法》

第四十一条　对外国投资者在中国境内投资银行业、证券业、保险业等金融行业，或者在证券市场、外汇市场等金融市场进行投资的管理，国家另有规定的，依照其规定。

条文主旨

本条是关于外国投资者在金融行业、金融市场投资的例外规定。

条文解读

本法第二条规定，外商投资，是指外国的自然人、企业或者其他组织直接或者间接在中国境内进行的投资活动，从这一界定上看，外商投资是涵盖各个领域和行业的。但是，金融领域的外资管理比较特殊。因此，本条专门规定，对外国投资者在中国境内投资银行业、证券业、保险业等金融行业，或者在证券市场、外汇市场等金融市场进行投资的管理，国家另有规定的，依照其规定。

实践中，商业银行法、保险法、外资银行管理条例、外资保险公司管理条例等，都作了与其他一般行业不同的规定；同时，外国投资者在中国境内的股票市场、债券市场、外汇市场进行投资的，如购买上市公司股票，在管理上也不能与其他领域适用完全相同的管理制度。例如，商业银行法第九十二条规定："外资商业银行、中外合资商业银行、外国商业银行分行适用本法规定，法律、行政法规另有规定的，依照其规定。"外资银行管理条例则在外资银行的设立与登记、业务范围、监督管理、终止与清算、法律责任等方面都作了特殊规定。又如，商业银行法在第十三条规定，设立全国性商业银行的注册资本最低限额为10亿元人民币。设立城市商业银行的注册资本最低限额为1亿元人民币，设立农村商业银行的注册资本最低限额为5千万元人民币。外资银行管理条例第八条则规定，外商独资银行、中外合资银行的注册资本最低限额为10亿元人民币或者等值的自由兑换货币。

相关规定

《中华人民共和国外商投资法》第二条

第四十二条　本法自2020年1月1日起施行。《中华人民共和国中外合资经营企业法》、《中华人民共和国外资企业法》、《中华人民共和国中外合作经营企业法》同时废止。

本法施行前依照《中华人民共和国中外合资经营企业法》、《中华人民共和国外资企业法》、《中华

人民共和国中外合作经营企业法》设立的外商投资企业，在本法施行后五年内可以继续保留原企业组织形式等。具体实施办法由国务院规定。

条文主旨

本条是关于实施时间与“过渡期”的规定。

立法背景

“外资三法”均制定于改革开放早期（1979年通过中外合作经营企业法、1986年通过外资企业法、1988年通过中外合作经营企业法），当时我国的市场主体法律制度尚未建立。因此，“外资三法”对外商投资企业的组织形式、组织机构等都作了规定。随着公司法、合伙企业法等市场主体法律的制定，在企业组织形式、组织机构上，出现了内外资企业不一致的情况。

条文解读

公司法与现行中外合资经营企业法、中外合作经营企业法的差异存在于诸多方面，在公司最高权力机构设置，董事会的成员人数、董事任期、初始股东性质、会议召开的法定人数、重大事项表决机制、利润分配机制、股权转让限制等方面都有不同。例如，合资企业和采取有限责任公司形式的合作企业在公司治理方面最大的特色就是董事会是最高权力机构，决定其一切重大问题，并且中外合资经营企业法实施条例和中外合作经营企业法实施细则均详细规定了董事会的一致决议事项。随着“外资三法”的废止，该规定将成为历史。此后，在有限责任公司形式的外商投资企业中，股东会将是最高权力机构，股东会和董事会将依据公司法规定进行分工。修改公司章程、增加或者减少注册资本的决议，以及公司合并、分立、解散或者变更公司形式等事项也不再是董事会一致决议事项，而是股东会三分之二决事项。

外商投资法在第三十一条明确规定：“外商投资企业的组织形式、组织机构及其活动准则，适用《中华人民共和国公司法》《中华人民共和国合伙企业法》等法律的规定。”这就意味着，外商投资法颁布实施后，“外资三法”同步废止，新设外商投资企业应当符合公司法、合伙企业法的规定；现存的外商投资企业在组织形式上也应当按照公司法、合伙企业法的规定进行调整。

外商投资法与“外资三法”之间存在差异，为了尊重实际情况、避免给现存外资企业造成太大冲击，给予外商投资企业五年过渡期。在过渡期内，合资企业将需要建立新的股东会制度，将公司法赋予股东会的职权由原合资企业的董事会归还给新的股东会，并明确新的表决权机制。但是，要完成与现行法的衔接，需要一定的时间，因此，外商投资法专门规定了过渡期，明确此前按照“外资三法”设立的外商投资企业，在法律施行 5 年内可以继续保留原企业组织形式。

相关规定

《中华人民共和国外商投资法》第三十一条

附录

中华人民共和国主席令

第二十六号

《中华人民共和国外商投资法》已由中华人民共和国第十三届全国人民代表大会第二次会议于 2019 年 3 月 15 日通过，现予公布，自 2020 年 1 月 1 日起施行。

中华人民共和国主席　习近平

2019 年 3 月 15 日

中华人民共和国外商投资法

（2019 年 3 月 15 日第十三届全国人民代表大会第二次会议通过）

目　录

第一章　总　　则

第一条　为了进一步扩大对外开放，积极促进外商投资，保护外商投资合法权益，规范外商投资管理，推动形成全面开放新格局，促进社会主义市场经济健康发展，根据宪法，制定本法。

第二条　在中华人民共和国境内（以下简称中国境内）的外商投资，适用本法。

本法所称外商投资，是指外国的自然人、企业或者其他组织（以下称外国投资者）直接或者间接在中国境内进行的投资活动，包括下列情形：

（一）外国投资者单独或者与其他投资者共同在中国境内设立外商投资企业；

（二）外国投资者取得中国境内企业的股份、股权、财产份额或者其他类似权益；

（三）外国投资者单独或者与其他投资者共同在中国境内投资新建项目；

（四）法律、行政法规或者国务院规定的其他方式的投资。

本法所称外商投资企业，是指全部或者部分由外国投资者投资，依照中国法律在中国境内经登记注册设立的企业。

第三条 国家坚持对外开放的基本国策，鼓励外国投资者依法在中国境内投资。

国家实行高水平投资自由化便利化政策，建立和完善外商投资促进机制，营造稳定、透明、可预期和公平竞争的市场环境。

第四条 国家对外商投资实行准入前国民待遇加负面清单管理制度。

前款所称准入前国民待遇，是指在投资准入阶段给予外国投资者及其投资不低于本国投资者及其投资的待遇；所称负面清单，是指国家规定在特定领域对外商投资实施的准入特别管理措施。国家对负面清单之外的外商投资，给予国民待遇。

负面清单由国务院发布或者批准发布。

中华人民共和国缔结或者参加的国际条约、协定对外国投资者准入待遇有更优惠规定的，可以按照相关规定执行。

第五条 国家依法保护外国投资者在中国境内的投资、收益和其他合法权益。

第六条 在中国境内进行投资活动的外国投资者、外商投资企业，应当遵守中国法律法规，不得危害中国国家安全、损害社会公共利益。

第七条 国务院商务主管部门、投资主管部门按照职责分工，开展外商投资促进、保护和管理工作；国务院其他有关部门在各自职责范围内，负责外商投资促进、保护和管理的相关工作。

县级以上地方人民政府有关部门依照法律法规和本级人民政府确定的职责分工，开展外商投资促进、保护和管理工作。

第八条 外商投资企业职工依法建立工会组织，开展工会活动，维护职工的合法权益。外商投资企业应当为本企业工会提供必要的活动条件。

第二章 投资促进

第九条 外商投资企业依法平等适用国家支持企业发展的各项政策。

第十条 制定与外商投资有关的法律、法规、规章，应当采取适当方式征求外商投资企业的意见和建议。

与外商投资有关的规范性文件、裁判文书等，应当依法及时公布。

第十一条 国家建立健全外商投资服务体系，为外国投资者和外商投资企业提供法律法规、政策措施、投资项目信息等方面的咨询和服务。

第十二条 国家与其他国家和地区、国际组织建立多边、双边投资促进合作机制，加强投资领域的国际交流与合作。

第十三条 国家根据需要，设立特殊经济区域，或者在部分地区实行外商投资试验性政策措施，促进外商投资，扩大对外开放。

第十四条 国家根据国民经济和社会发展需要，鼓励和引导外国投资者在特定行业、领域、地区投资。外国投资者、外商投资企业可以依照法律、行政法规或者国务院的规定享受优惠待遇。

第十五条 国家保障外商投资企业依法平等参与标准制定工作，强化标准制定的信息公开和社会监督。

国家制定的强制性标准平等适用于外商投资企业。

第十六条 国家保障外商投资企业依法通过公平竞争参与政府采购活动。政府采购依法对外商投资企业在中国境内生产的产品、提供的服务平等对待。

第十七条 外商投资企业可以依法通过公开发行股票、公司债券等证券和其他方式进行融资。

第十八条 县级以上地方人民政府可以根据法律、行政法规、地方性法规的规定，在法定权限内制定外商投资促进和便利化政策措施。

第十九条 各级人民政府及其有关部门应当按照便利、高效、透明的原则，简化办事程序，提高办事效率，优化政务服务，进一步提高外商投资服务水平。

有关主管部门应当编制和公布外商投资指引，为外国投资者和外商投资企业提供服务和便利。

第三章 投 资 保 护

第二十条 国家对外国投资者的投资不实行征收。

在特殊情况下，国家为了公共利益的需要，可以依照法律规定对外国投资者的投资实行征收或者征用。征收、征用应当依照法定程序进行，并及时给予公平、合理的补偿。

第二十一条 外国投资者在中国境内的出资、利润、资本收益、资产处置所得、知识产权许可使用费、依法获得的补偿或者赔偿、清算所得等，可以依法以人民币或者外汇自由汇入、汇出。

第二十二条 国家保护外国投资者和外商投资企业的知识产权，保护知识产权权利人和相关权利人的合法权益；对知识产权侵权行为，严格依法追究法律责任。

国家鼓励在外商投资过程中基于自愿原则和商业规则开展技术合作。技术合作的条件由投资各方遵循公平原则平等协商确定。行政机关及其工作人员不得利用行政手段强制转让技术。

第二十三条 行政机关及其工作人员对于履行职责过程中知悉的外国投资者、外商投资企业的商业秘密，应当依法予以保密，不得泄露或者非法向他人提供。

第二十四条 各级人民政府及其有关部门制定涉及外商投资的规范性文件，应当符合法律法规的规定；没有法律、行政法规依据的，不得减损外商投资企业的合法权益或者增加其义务，不得设置市场准入和退出条件，不得干预外商投资企业的正常生产经营活动。

第二十五条 地方各级人民政府及其有关部门应当履行向外国投资者、外商投资企业依法作出的政策承诺以及依法订立的各类合同。

因国家利益、社会公共利益需要改变政策承诺、合同约定的，应当依照法定权限和程序进行，并依法对外国投资者、外商投资企业因此受到的损失予以补偿。

第二十六条 国家建立外商投资企业投诉工作机制，及时处理外商投资企业或者其投资者反映的问题，协调完善相关政策措施。

外商投资企业或者其投资者认为行政机关及其工作人员的行政行为侵犯其合法权益的，可以通过外商投资企业投诉工作机制申请协调解决。

外商投资企业或者其投资者认为行政机关及其工作人员的行政行为侵犯其合法权益的，除依照前款规定通过外商投资企业投诉工作机制申请协调解决外，还可以依法申请行政复议、提起行政诉讼。

第二十七条 外商投资企业可以依法成立和自愿参加商会、协会。商会、协会依照法律法规和章程的规定开展相关活动，维护会员的合法权益。

第四章 投资管理

第二十八条 外商投资准入负面清单规定禁止投资的领域，外国投资者不得投资。

外商投资准入负面清单规定限制投资的领域，外国投资者进行投资应当符合负面清单规定的条件。

外商投资准入负面清单以外的领域，按照内外资一致的原则实施管理。

第二十九条 外商投资需要办理投资项目核准、备案的，按照国家有关规定执行。

第三十条 外国投资者在依法需要取得许可的行业、领域进行投资的，应当依法办理相关许可手续。

有关主管部门应当按照与内资一致的条件和程序，审核外国投资者的许可申请，法律、行政法规另有规定的除外。

第三十一条 外商投资企业的组织形式、组织机构及其活动准则，适用《中华人民共和国公司法》、《中华人民共和国合伙企业法》等法律的规定。

第三十二条 外商投资企业开展生产经营活动，应当遵守法律、行政法规有关劳动保护、社会保险的规定，依照法律、行政法规和国家有关规定办理税收、会计、外汇等事宜，并接受相关主管部门依法实施的监督检查。

第三十三条 外国投资者并购中国境内企业或者以其他方式参与经营者集中的，应当依照《中华人民共和国反垄断法》的规定接受经营者集中审查。

第三十四条 国家建立外商投资信息报告制度。外国投资者或者外商投资企业应当通过企业登记系统以及企业信用信息公示系统向商务主管部门报送投资信息。

外商投资信息报告的内容和范围按照确有必要的原则确定；通过部门信息共享能够获得的投资信息，不得再行要求报送。

第三十五条 国家建立外商投资安全审查制度，对影响或者可能影响国家安全的外商投资进行安全审查。

依法作出的安全审查决定为最终决定。

第五章　法律责任

第三十六条　外国投资者投资外商投资准入负面清单规定禁止投资的领域的，由有关主管部门责令停止投资活动，限期处分股份、资产或者采取其他必要措施，恢复到实施投资前的状态；有违法所得的，没收违法所得。

外国投资者的投资活动违反外商投资准入负面清单规定的限制性准入特别管理措施的，由有关主管部门责令限期改正，采取必要措施满足准入特别管理措施的要求；逾期不改正的，依照前款规定处理。

外国投资者的投资活动违反外商投资准入负面清单规定的，除依照前两款规定处理外，还应当依法承担相应的法律责任。

第三十七条　外国投资者、外商投资企业违反本法规定，未按照外商投资信息报告制度的要求报送投资信息的，由商务主管部门责令限期改正；逾期不改正的，处十万元以上五十万元以下的罚款。

第三十八条　对外国投资者、外商投资企业违反法律、法规的行为，由有关部门依法查处，并按照国家有关规定纳入信用信息系统。

第三十九条　行政机关工作人员在外商投资促进、保护和管理工作中滥用职权、玩忽职守、徇私舞弊的，或者泄露、非法向他人提供履行职责过程中知悉的商业秘密的，依法给予处分；构成犯罪的，依法追究刑事责任。

第六章　附　　则

第四十条　任何国家或者地区在投资方面对中华人民共和国采取歧视性的禁止、限制或者其他类似措施的，中华人民共和国可以根据实际情况对该国家或者该地区采取相应的措施。

第四十一条　对外国投资者在中国境内投资银行业、证券业、保险业等金融行业，或者在证券市场、外汇市场等金融市场进行投资的管理，国家另有规定的，依照其规定。

第四十二条　本法自2020年1月1日起施行。《中华人民共和国中外合资经营企业法》、《中华人民共和国外资企业法》、《中华人民共和国中外合作经营企业法》同时废止。

本法施行前依照《中华人民共和国中外合资经营企业法》、《中华人民共和国外资企业法》、《中华人民共和国中外合作经营企业法》设立的外商投资企业，在本法施行后五年内可以继续保留原企业组织形式等。具体实施办法由国务院规定。

关于《中华人民共和国外商投资法（草案）》的说明

——2019年3月8日在第十三届全国人民代表大会第二次会议上

全国人民代表大会常务委员会副委员长　王晨

各位代表：

我受全国人大常委会委托，作关于《中华人民共和国外商投资法（草案）》的说明。

一、制定外商投资法的重要意义

（一）制定外商投资法，是贯彻落实党中央扩大对外开放、促进外商投资决策部署的重要举措

党的十八大以来，以习近平同志为核心的党中央在扩大对外开放、促进外商投资方面作出了一系列重要决策部署，强调中国开放的大门不会关闭，只会越开越大。习近平总书记在庆祝改革开放40周年大会上发表重要讲话，发出了新时代改革开放再出发、继续把改革开放推向前进的宣言书和动员令。在新的历史起点上，我们必须坚定贯彻新发展理念，坚持对外开放的基本国策，继续实行积极主动的开放政策，推动形成全面开放新格局。

积极吸引和利用外商投资，是我国扩大对外开放和构建开

放型经济新体制的重要内容，必须有健全的法治保障。总结改革开放40年我国外商投资法律制度的实践经验，适应新形势新要求，外商投资法确立了我国新型外商投资法律制度的基本框架，确定了我国对外开放、促进外商投资的基本国策和大政方针，对外商投资的准入、促进、保护、管理等作出了统一规定，是我国外商投资领域新的基础性法律，是对我国外商投资法律制度的完善和创新。通过制定和实施外商投资法，坚定实行高水平投资自由化便利化政策，保护外商投资合法权益，营造法治化、国际化、便利化营商环境，以高水平对外开放推动经济高质量发展，充分彰显了新时代我国进一步扩大对外开放、积极促进外商投资的决心和信心。

（二）制定外商投资法，是我国外商投资法律制度与时俱进、完善发展的客观要求

法治建设与改革开放紧密结合、协调推进、相互促进，是我国改革开放、社会主义现代化建设和法治建设取得成功的重要原因。中国的对外开放立法是从外商投资立法起步和发展起来的。1978年12月，邓小平同志就明确提出制定外国人投资法。1979年7月改革开放新时期第一批出台的7部法律，就包括中外合资经营企业法，标志着中国打开大门引进外资、实行对外开放，具有重大政治和法律意义。1980年8月，全国人大常委会批准《广东省经济特区条例》。1986年和1988年，全国人民代表大会又先后制定了外资企业法和中外合作经营企业法，国务院、有关部门和地方陆续制定了一大批有关外商投资的实施性、配套性法规和规章。上述“外资三法”，为外商投资企

业在我国发展创造了良好法治环境，对推动改革开放伟大历史进程发挥了重要作用。

进入新世纪后，为适应加入世界贸易组织的需要，全国人大及其常委会对“外资三法”作出部分修改，删除了法律中要求外商投资企业在境内优先采购、实现外汇收支平衡、出口实绩等规定。2007 年，全国人民代表大会通过企业所得税法，实现了内外资企业所得税制统一。党的十八大以后，根据全面深化改革、扩大对外开放的需要，全国人大常委会于 2013 年、2014 年两次作出决定，授权在有关自由贸易试验区内暂时调整“外资三法”关于外商投资企业审批等规定，试行准入前国民待遇加负面清单管理方式。2016 年，根据自由贸易试验区取得的可复制推广的经验，全国人大常委会对“外资三法”作出修改，在法律中确立外商投资企业实行准入前国民待遇加负面清单管理制度，将自由贸易试验区的改革试点经验推广到全国。

40 年来，外商投资企业对于促进经济持续发展、扩大对外贸易、优化产业结构、增加社会就业、培育市场主体、健全市场机制，都发挥了积极作用，“外资三法”为我国外商投资企业提供了有力的法治保障。同时，我们也要看到，在新的形势下，“外资三法”已难以适应新时代改革开放实践的需要。“外资三法”主要规范外商投资企业的组织形式、组织机构和生产经营活动准则，随着社会主义市场经济体制和中国特色社会主义法律体系的建立和不断完善，“外资三法”的相关规范已逐步为公司法、合伙企业法、民法总则、物权法、合同法等市场主体和市场交易方面的法律所涵盖；同时，新形势下全面加强对外商投资的促进和保护、进一步规范外商投资管理的要求，也大大超出了“外资三法”的调整范围。适应新时代改革开放的需要，推动外商投资法律制度与时俱进、完善发展，迫切需要在总结我国吸引外商投资实践经验的基础上，制定一部新的外商投资基础性法律取代“外资三法”，并配合制定相应的具体法规、规章，以更加全面完善的外商投资法律制度，促进、保障和规范外商投资活动，提高外资工作法治化水平，促进国家治理体系和治理能力现代化，推动全面依法治国战略深入实施。

（三）制定外商投资法，是促进社会主义市场经济健康发展、实现经济高质量发展的客观要求

中国特色社会主义进入新时代，我国经济已由高速增长阶段转向高质量发展阶段。过去40年中国经济发展是在开放条件下取得的，未来中国经济实现高质量发展也必须在更加开放条件下进行。党的十九大明确提出，实行高水平的贸易和投资自由化便利化政策，全面实行准入前国民待遇加负面清单管理制度，大幅度放宽市场准入，扩大服务业对外开放，保护外商投资合法权益；凡是在我国境内注册的企业，都要一视同仁、平等对待。改革开放40年给我们的重要启示就是：开放带来进步，封闭必然落后。我国发展仍处于并将长期处于重要战略机遇期，我国与其他国家开放合作、互利共赢的空间十分广阔。面向未来，我国经济要实现高质量发展，就必须抓住机遇、用好机遇，以扩大开放推动改革、带动创新、促进发展。

习近平总书记在阐述新发展理念时指出：“开放发展注重的

是解决发展内外联动问题。”外商投资法着眼于增强发展的内外联动性，明确规定了多项促进内外资企业规则统一、促进公平竞争方面的内容。一是外商投资企业依法平等适用国家支持企业发展的各项政策（草案第九条）；二是国家保障外商投资企业依法平等参与标准制定工作，国家制定的强制性标准平等适用于外商投资企业（草案第十五条）；三是国家保障外商投资企业依法通过公平竞争参与政府采购活动，政府采购依法对外商投资企业在中国境内生产的产品平等对待（草案第十六条）；四是外商投资过程中技术合作的条件由投资各方遵循公平原则平等协商确定，行政机关及其工作人员不得利用行政手段强制转让技术（草案第二十二条第二款）；五是外商投资准入负面清单以外的领域，按照内外资一致的原则实施管理（草案第二十七条第三款）；六是有关主管部门应当按照与内资一致的条件和程序，审核外国投资者的许可申请，法律、行政法规另有规定的除外（草案第二十九条第二款）。这些促进内外资企业规则统一的规定，有利于贯彻一视同仁、平等对待的原则，营造稳定、透明、可预期和公平竞争的市场环境，也有利于我国各类企业平等参与，在全面开放新格局中实现更高水平、更高质量的发展。

二、外商投资法草案起草过程和总体要求

党的十八届三中、四中全会和党中央关于构建开放型经济新体制的决策部署，对完善涉外法律法规体系、统一内外资法律、制定新的外商投资基础性法律提出了明确要求。全国人大常委会高度重视外商投资立法工作，全国人大常委会立法规划和2018年立法工作计划明确提出制定外商投资法。按照党中央决策部署和中央全面依法治国委员会工作要求，国务院有关部门经过认真调研、征求意见和论证协调，拟订了外商投资法草案。2018年12月，国务院将外商投资法草案提请全国人大常委会审议。

2018年12月下旬召开的十三届全国人大常委会第七次会议对外商投资法草案进行了初次审议。之后，全国人大宪法和法律委员会、常委会法制工作委员会通过多种方式广泛征求地方、部门、研究机构的意见，召开座谈会听取外国商会协会、外商投资企业的意见，通过中国人大网公布草案征求社会公众的意见。各方面普遍赞同制定外商投资法，认为这是完善涉外法律法规体系、促进外商投资、扩大对外开放、营造法治化国际化便利化营商环境的重要举措，有利于推动形成对外开放新格局。宪法和法律委员会、法制工作委员会会同国务院有关部门根据常委会审议意见和各方面的意见，经认真研究后，对外商投资法草案作了修改完善。2019年1月29日至30日召开的十三届全国人大常委会第八次会议对草案进行了第二次审议，并决定由全国人大常委会将外商投资法草案提请十三届全国人大二次会议审议。全国人大常委会办公厅及时将外商投资法草案印发全国人大代表，部署组织全国人大代表研读讨论外商投资法草案工作，征求代表意见。2月25日，宪法和法律委员会召开会议，根据常委会第八次会议的审议意见、代表研读讨论中提出的意见和各方面的意见，对草案作了进一步修改完善；认为经过全国人大常委会两次审议和广泛征求意见，草案充分吸收各方面的意见建议，已经比较成熟，形成了提请本次会议审议的《中华人民共和国外商投资法（草案)》。

在外商投资法立法过程中，我们认真学习领会习近平新时代中国特色社会主义思想特别是习近平总书记关于扩大对外开放的重要论述，坚决贯彻落实党中央关于加快统一内外资法律法规、制定新的外商投资基础性法律的要求，深刻认识改革开放40年来我国坚定不移实行对外开放、以开放促改革促发展促创新取得的巨大成就和宝贵经验；深刻认识在新的历史起点上坚持对外开放基本国策、坚持互利共赢开放战略的重大意义；准确把握和全面贯彻外商投资立法的总体要求，努力通过制定外商投资法，充分彰显新时代中国进一步扩大对外开放、积极促进外商投资、保护外商投资合法权益的决心和信心，坚持以改革创新精神推动外商投资法律制度与时俱进、完善发展。

根据新时代改革开放新的形势和要求，制定外商投资法的指导思想是：高举中国特色社会主义伟大旗帜，以习近平新时代中国特色社会主义思想为指导，深入贯彻落实党的十九大和十九届二中、三中全会精神，适应推动形成全面开放新格局、构建开放型经济新体制的新形势新要求，坚持对外开放基本国策，坚持市场化、法治化、国际化的改革方向，创新外商投资管理制度，确立新时代外商投资法律制度基本框架，为推动高水平对外开放提供有力法治保障，促进社会主义市场经济健康发展。

贯彻上述指导思想，外商投资立法着重遵循和体现以下重要原则：

（一）突出积极扩大对外开放和促进外商投资的主基调。制定外商投资法，就是要在新的历史条件下通过国家立法表明将改革开放进行到底的决心和意志，展现新时代中国积极的对外开放姿态，顺应时代发展潮流，体现推动新一轮高水平对外开放、营造国际一流营商环境的精神和要求，使这部法律成为一部外商投资的促进法、保护法。

（二）坚持外商投资基础性法律的定位。外商投资法是新形势下国家关于外商投资活动全面的、基本的法律规范，是外商投资领域起龙头作用、具有统领性质的法律。因此，这部法律重点是确立外商投资准入、促进、保护、管理等方面的基本制度框架和规则，建立起新时代我国外商投资法律制度的“四梁八柱”。

（三）坚持中国特色和国际规则相衔接。草案立足于我国当前的发展阶段和利用外资工作的实际需要，对外商投资的准入、促进、保护、管理等作出有针对性的规定；同时注意与国际通行的经贸规则、营商环境相衔接，努力构建既符合我国基本国情和实际又顺应国际通行规则、惯常做法的外商投资法律制度。

（四）坚持内外资一致。外商投资在准入后享受国民待遇，国家对内资和外资的监督管理，适用相同的法律制度和规则。继续按照市场化、法治化、国际化的改革方向，在行政审批改革、加强产权平等保护等方面完善相关法律制度，努力打造内外资公平竞争的市场环境，依靠改善投资环境吸引更多外商投资。

三、外商投资法草案的主要内容

草案分为6章，包括总则、投资促进、投资保护、投资管理、法律责任、附则，共41条，对新的外商投资法律制度作出了基本的、明确的规定。

（一）关于外商投资的界定

草案对外商投资进行了界定，即外国的自然人、企业或者其他组织直接或者间接在中国境内进行的投资活动，包括以下四类具体情形：一是外国投资者单独或者与其他投资者共同在中国境内设立外商投资企业；二是外国投资者取得中国境内企业的股份、股权、财产份额或者其他类似权益；三是外国投资者单独或者与其他投资者共同在中国境内投资新建项目；四是法律、行政法规或者国务院规定的其他方式的投资。（草案第二条）

同时，考虑到金融行业同其他行业和领域相比具有特殊性，草案规定，对外国投资者在中国境内投资银行、证券、保险等金融行业，或者在证券市场、外汇市场等金融市场进行投资的管理，国家另有规定的，依照其规定。(草案第四十条)

（二）关于外商投资促进

为了积极促进外商投资，草案在总则一章中规定，国家坚持对外开放的基本国策，鼓励外国投资者依法在中国境内投资；国家实行高水平投资自由化便利化政策，建立和完善外商投资促进机制，营造稳定、透明、可预期和公平竞争的市场环境(草案第三条)。同时，设“投资促进”专章，主要包括以下内容：

一是提高外商投资政策的透明度。草案规定：制定与外商投资有关的法律、法规、规章，应当采取适当方式征求外商投资企业的意见和建议；与外商投资有关的规范性文件、裁判文书等，应当依法及时公布。(草案第十条)

二是保障外商投资企业平等参与市场竞争。草案第九条、第十五条、第十六条、第十七条等都体现了外商投资企业平等参与、内外资规则一致的精神。

三是加强外商投资服务。草案规定：国家建立健全外商投资服务体系，为外国投资者和外商投资企业提供法律法规、政策措施、投资项目信息等方面的咨询和服务（草案第十一条）；各级人民政府及其有关部门应当按照便利、高效、透明的原则，进一步提高外商投资服务水平（草案第十九条）。

四是依法依规鼓励和引导外商投资。草案规定：国家根据需要，设立特殊经济区域，或者在部分地区实行外商投资试验性政策措施，促进外商投资，扩大对外开放（草案第十三条）；国家根据国民经济和社会发展需要，鼓励和引导外国投资者在特定行业、领域、地区投资，并可以依照法律、行政法规或者国务院的规定给予优惠（草案第十四条）；县级以上地方人民政府可以根据法律、行政法规、地方性法规的规定，在法定权限内制定外商投资促进和便利化政策措施（草案第十八条）。

(三) 关于外商投资保护

为了加强对外商投资合法权益的保护，草案在总则一章中规定，国家依法保护外国投资者在中国境内的投资、收益和其他合法权益（草案第五条）。同时，设“投资保护”专章，主要包括以下内容：

一是加强对外商投资企业的产权保护。草案规定：国家对外国投资者的投资不实行征收；在特殊情况下，国家为了公共利益的需要，可以依照法律规定对外国投资者的投资实行征收或者征用，征收、征用应当依照法定程序进行，并及时给予公平、合理的补偿（草案第二十条）。外国投资者在中国境内的出资、利润、资本收益、资产处置所得、知识产权许可使用费、依法获得的补偿或者赔偿、清算所得等，可以依法以人民币或者外汇自由汇入、汇出（草案第二十一条）。国家保护外国投资者和外商投资企业的知识产权，鼓励基于自愿原则和商业规则开展技术合作（草案第二十二条第一款）。

二是强化对制定涉及外商投资规范性文件的约束。草案规定：政府及其有关部门制定涉及外商投资的规范性文件，应当符合法律法规的规定；没有法律、行政法规依据的，不得减损外商投资企业的合法权益或者增加其义务，不得设置市场准入和退出条件，不得干预外商投资企业的正常生产经营活动。（草案第二十三条）

三是促使地方政府守约践诺。草案规定：地方各级人民政府及其有关部门应当履行向外国投资者、外商投资企业依法作出的政策承诺以及依法订立的各类合同；因国家利益、社会公共利益需要改变政策承诺、合同约定的，应当依照法定权限和程序进行，并依法对外国投资者、外商投资企业因此受到的损失予以补偿。（草案第二十四条）

四是建立外商投资企业投诉工作机制。草案规定：国家建立外商投资企业投诉工作机制，协调完善外商投资企业投诉工作中的重大政策措施，及时处理外商投资企业或者其投资者反映的问题；外商投资企业或者其投资者认为行政机关及其工作人员的行政行为侵犯其合法权益的，可以通过外商投资企业投诉工作机制申请解决。(草案第二十五条)

(四) 关于外商投资管理

草案在总则一章中明确规定，国家对外商投资实行准入前国民待遇加负面清单管理制度，并进一步规定：所称准入前国民待遇，是指在投资准入阶段给予外国投资者及其投资不低于本国投资者及其投资的待遇；所称负面清单，是指国家规定在特定领域对外商投资实施的准入特别管理措施；国家对负面清单之外的外商投资，给予国民待遇。负面清单由国务院发布或者批准发布。中华人民共和国缔结或者参加的国际条约、协定对外国投资者准入待遇有更优惠规定的，可以按照相关规定执行（草案第四条)。根据我国有关实践和需要，草案规定：负面清单规定禁止投资的领域，外国投资者不得投资；负面清单规定限制投资的领域，外国投资者进行投资应当符合负面清单规定的条件（草案第二十七条第一款、第二款)。同时，草案还对外商投资管理作出了一些指引性、衔接性规定：

一是明确按照内外资一致的原则对外商投资实施监督管理。草案规定：外商投资需要办理投资项目核准、备案的，按照国家有关规定执行（草案第二十八条)；外国投资者在依法需要取得许可的行业、领域进行投资的，应当依法办理相关许可手续（草案第二十九条第一款)；外商投资企业的组织形式、组织机构，适用公司法、合伙企业法等法律的规定（草案第三十条）；外商投资企业开展生产经营活动，应当依照有关法律、行政法规和国家有关规定办理税收、会计、外汇等事宜，并接受有关主管部门依法实施的监督检查（草案第三十一条）；外国投资者并购中国境内企业或者以其他方式参与经营者集中的，应当依照反垄断法的规定接受经营者集中审查（草案第三十二条）。

二是建立健全外商投资信息报告制度。草案规定：外国投资者或者外商投资企业应当通过企业登记系统以及企业信用信息公示系统向商务主管部门报送投资信息；外商投资信息报告的内容和范围按照确有必要的原则确定，通过部门信息共享能够获得的投资信息，不得再行要求报送。（草案第三十三条）

三是对外商投资安全审查制度作了原则规定。草案规定：国家对影响或者可能影响国家安全的外商投资进行安全审查；依法作出的安全审查决定为最终决定。（草案第三十四条）

《中华人民共和国外商投资法（草案）》和以上说明，请审议。

第十三届全国人民代表大会宪法和法律委员会关于《中华人民共和国外商投资法（草案)》审议结果的报告

（2019 年 3 月 12 日第十三届全国人民代表大会第二次会议主席团第二次会议通过）

十三届全国人大二次会议主席团：

3 月 10 日，各代表团全体会议、小组会议审议了外商投资法草案。代表们普遍赞成制定外商投资法，一致认为，制定外商投资法是贯彻落实以习近平同志为核心的党中央扩大对外开放，促进外商投资，推动形成全面开放新格局，构建开放型经济新体制决策部署的重要举措，彰显了党和国家坚定不移推动对外开放的鲜明立场，充分展现了党和国家把新时代改革开放继续推向前进的坚定意志和坚强决心，意义重大，影响深远。代表们一致认为，草案以习近平新时代中国特色社会主义思想为指导，总结改革开放 40 年利用外资工作的实践经验，凸显扩大对外开放、促进外商投资的主基调，立足于外商投资基础性法律的定位，兼顾中国特色与国际规则，坚持内外资一致的原则，妥善处理扩大开放和防范风险的关系，必将为新时代扩大对外开放、促进外商投资、保护外商投资合法权益、营造国际一流营商环境提供有力的法治保障。

代表们认为，外商投资法立法过程中，认真贯彻了科学立法、民主立法、依法立法的要求。国务院及其有关部门加紧研究和起草工作，及时将外商投资法草案提请全国人大常委会审议。全国人大常委会两次审议外商投资法草案，及时组织全国人大代表进行认真研读讨论，采取多种形式广泛征求意见，并积极回应各方关切；根据常委会审议意见、代表研读意见和各方面的意见，对草案反复修改，不断调整完善。草案符合党中央有关决策部署的要求，充分吸收了各方面的意见和建议，框架合理、内容得当、语言精练，已经成熟，建议提请本次会议审议通过。在充分肯定外商投资法草案的同时，代表们又提出了一些修改意见建议。总的看，这些意见建议都是积极的、完善性的，有的属于细化制度、完善配套规定的意见，有的属于对具体法律执行的工作要求，多数意见在草案起草和审议过程中都进行过反复研究，可以通过制定配套规定予以细化，或在实践中不断总结经验，逐步完善。宪法和法律委员会于3月11日召开会议，对草案进行了认真审议，对代表提出的修改意见逐条研究。全国人大财政经济委员会、国家发展和改革委员会、司法部、商务部有关负责同志列席了会议。根据各代表团的审议意见和有关方面的意见，对草案进行了修改完善，主要是：

一、有些代表提出，政府采购的范围既包括产品，也包括服务。草案第十六条仅规定政府采购依法对外商投资企业在中国境内生产的产品平等对待，是否包括服务，不够明确，建议研究修见，将相关规定修改为“政府采购依法对外商投资企业在中国境内生产的产品、提供的服务平等对待”。

二、有些代表建议按照“放管服”改革的要求，在草案第十九条第一款中对政府及其有关部门提高外商投资服务水平作出更加具体明确的规定。宪法和法律委员会经研究，建议将这一款修改为：各级人民政府及其有关部门应当按照便利、高效、透明的原则，简化办事程序，提高办事效率，优化政务服务，进一步提高外商投资服务水平。

三、有些代表建议对草案第二十二条知识产权保护的规定进一步予以完善，强化责任追究。宪法和法律委员会经研究，建议将相关规定修改为：国家保护外国投资者和外商投资企业的知识产权，保护知识产权权利人和相关权利人的合法权益；对知识产权侵权行为，严格依法追究法律责任。

四、有些代表提出，行政机关及其工作人员对在履行职责过程中知悉的外国投资者、外商投资企业的商业秘密应当保密，建议增加相关规定。宪法和法律委员会经研究，建议增加一条规定：行政机关及其工作人员对于履行职责过程中知悉的外国投资者、外商投资企业的商业秘密，应当依法予以保密，不得泄露或者非法向他人提供。同时对行政机关工作人员违反保密义务的法律责任作了规定。

五、草案第二十六条规定，外国投资者、外商投资企业可以依法成立和自愿参加商会、协会。有些代表提出，目前涉外商会、协会都是由外商投资企业组成，草案的上述表述不够准确，建议研究修改。宪法和法律委员会经研究，建议删除这一条中的“外国投资者”。

六、草案第三十条规定，外商投资企业的组织形式、组织机构，适用公司法、合伙企业法等法律的规定。有些代表提出，公司法、合伙企业法等市场主体法律，既规范企业的组织形式、组织机构，还规范企业的行为。草案的上述规定不够全面，建议补充完善。宪法和法律委员会经研究，建议将这一条修改为：外商投资企业的组织形式、组织机构及其活动准则，适用《中华人民共和国公司法》、《中华人民共和国合伙企业法》等法律的规定。

七、草案第四十一条第二款规定，本法施行前依照“外资三法”设立的外商投资企业，在本法施行后五年内可以继续保留原企业组织形式。有些代表提出，外商投资企业组织形式的调整，涉及面广，影响大，应当对相关工作做出妥善安排，避免对外商投资企业正常生产经营活动造成不必要的干扰。建议参照以往做法，授权国务院制定外商投资企业过渡的具体实施办法。宪法和法律委员会经研究，建议采纳上述意见，在这一款中增加规定：具体实施办法由国务院规定。

八、关于本法的实施日期，宪法和法律委员会经征求国务院有关部门意见，建议确定为2020年1月1日。

有两个问题需要说明：

一是港澳台投资法律适用问题。草案对这一问题未作规定，一些代表建议增加相关规定予以明确。此前，宪法和法律委员会曾会同有关方面对这一问题进行了反复研究，认为：港澳台地区属于中国的一部分，港澳台投资在性质上不属于外国投资；同时，港澳台地区属于单独关税区，港澳同胞到内地投资、台湾同胞到大陆投资不完全等同于境内投资，属于特殊国内投资。

国家对港澳台投资一直实行特殊的政策和管理，并在国务院行政法规、部门规章和有关规范性文件中规定，对港澳台投资，参照或者比照适用有关外商投资的规定；对台湾同胞投资，国家还专门制定了台湾同胞投资保护法。同时，国家还对内地与港澳台地区在经贸方面作出特殊安排。在外商投资法中不对港澳台投资法律适用问题作出明确规定，继续由国务院行政法规、部门规章和有关规范性文件来明确参照或者比照适用外商投资的有关规定，是适当的、可行的。不会改变、也不会影响多年来行之有效的制度安排和实际运作，不会因此对港澳台投资造成任何妨碍或者限制。

二是关于外商投资法的配套规定问题。在审议中，一些代表提出，外商投资法是关于外商投资新的基础性法律，为确保有效实施，建议尽快出台配套规定。宪法和法律委员会经同有关方面研究后认为：外商投资法确立了外商投资法律制度的基本框架和规则。从草案具体内容看，有不同情况。有的规定可以直接执行，如不得利用行政手段强制转让技术等；有的规定属于指引性、衔接性规定，可以按照内外资一致的原则，依据相关法律法规规定执行；有的制度已经制定了配套的、具体的规定，如外商投资准入负面清单等；也有一些新设立的制度，如外商投资企业投诉工作机制、外商投资信息报告制度等，需要制定相关配套规定予以细化。宪法和法律委员会建议国务院及其有关部门，抓紧研究起草外商投资法相关配套法规、规章和规范性文件，明确可操作、可执行的具体规范，做到与本法同步施行，确保外商投资法出台后及时落地实施，保障利用外资工作顺利进行。

此外，根据代表们的审议意见，还对草案作了一些文字修改。

草案修改稿已按上述意见作了修改，宪法和法律委员会建议经主席团审议通过后，印发各代表团审议。外商投资法草案修改稿和以上报告，请审议。

第十三届全国人民代表大会
宪法和法律委员会
2019 年 3 月 12 日

第十三届全国人民代表大会宪法和法律委员会关于《中华人民共和国外商投资法（草案修改稿）》修改意见的报告

（2019 年 3 月 14 日第十三届全国人民代表大会第二次会议主席团第三次会议通过）

十三届全国人大二次会议主席团：

3 月 12 日下午，各代表团对外商投资法草案修改稿进行了审议。代表们一致赞成草案修改稿，赞成对草案的各项修改。普遍认为，草案修改稿在认真研究并充分吸收代表们提出意见的基础上，作了进一步的修改完善；对未采纳的意见和建议积极予以回应，并在宪法法律委的审议结果报告中作出说明和解释；审议过程充分发扬了民主，广泛凝聚了共识。草案内容已经成熟，一致赞成提请本次会议表决通过。有的代表还提出了一些修改意见。宪法和法律委员会于3月13日召开会议，对草案修改稿进行认真审议，对代表提出的修改意见逐条研究。全国人大财政经济委员会、国家发展和改革委员会、司法部、商务部有关负责同志列席了会议。宪法和法律委员会认为，草案修改稿是可行的，同时，根据各代表团的审议意见，提出以下修改建议：

有的代表建议，在相关条款中进一步明确外商投资企业保护职工合法权益的内容。宪法和法律委员会经研究，建议采纳上述意见，在草案修改稿第三十二条中增加规定，外商投资企业应当“遵守法律、行政法规有关劳动保护、社会保险的规定”。

此外，根据代表们的审议意见，还对草案修改稿作了个别文字修改。

草案建议表决稿已按上述意见作了修改，建议经主席团审议通过后，提请本次会议表决。

外商投资法草案建议表决稿和以上报告，请审议。

第十三届全国人民代表大会

宪法和法律委员会

2019年3月14日

外商投资准入特别管理措施
（负面清单）（2019 年版）

说　明

一、《外商投资准入特别管理措施（负面清单）》（以下简称《外商投资准入负面清单》）统一列出股权要求、高管要求等外商投资准入方面的特别管理措施。《外商投资准入负面清单》之外的领域，按照内外资一致原则实施管理。

二、《外商投资准入负面清单》对部分领域列出了取消或放宽准入限制的过渡期，过渡期满后将按时取消或放宽其准入限制。

三、境外投资者不得作为个体工商户、个人独资企业投资人、农民专业合作社成员，从事投资经营活动。

四、境外投资者不得投资《外商投资准入负面清单》中禁止外商投资的领域；投资《外商投资准入负面清单》之内的非禁止投资领域，须进行外资准入许可；投资有股权要求的领域，不得设立外商投资合伙企业。

五、境内公司、企业或自然人以其在境外合法设立或控制的公司并购与其有关联关系的境内公司，涉及外商投资项目和企业设立及变更事项的，按照现行规定办理。

六、《外商投资准入负面清单》中未列出的文化、金融等领域与行政审批、资质条件、国家安全等相关措施，按照现行规定执行。

七、《内地与香港关于建立更紧密经贸关系的安排》及其后续协议、《内地与澳门关于建立更紧密经贸关系的安排》及其后续协议、《海峡两岸经济合作框架协议》及其后续协议、我国与有关国家签订的自由贸易区协议和投资协定、我国参加的国际条约对符合条件的投资者有更优惠开放措施的，按照相关协议或协定的规定执行。在自由贸易试验区等特殊经济区域对符合条件的投资者实施更优惠开放措施的，按照相关规定执行。

八、《外商投资准入负面清单》由发展改革委、商务部会同有关部门负责解释。

外商投资准入特别管理措施（负面清单）（2019 年版）

序号	特别管理措施
一、农、林、牧、渔业	
1	小麦、玉米新品种选育和种子生产须由中方控股。
2	禁止投资中国稀有和特有的珍贵优良品种的研发、养殖、种植以及相关繁殖材料的生产（包括种植业、畜牧业、水产业的优良基因）。
3	禁止投资农作物、种畜禽、水产苗种转基因品种选育及其转基因种子（苗）生产。
4	禁止投资中国管辖海域及内陆水域水产品捕捞。
二、采矿业	
5	禁止投资稀土、放射性矿产、钨勘查、开采及选矿。

续表

序号	特别管理措施
三、制造业	
6	出版物印刷须由中方控股。
7	禁止投资放射性矿产冶炼、加工，核燃料生产。
8	禁止投资中药饮片的蒸、炒、炙、煅等炮制技术的应用及中成药保密处方产品的生产。
9	除专用车、新能源汽车外，汽车整车制造的中方股比不低于50%，同一家外商可在国内建立两家及两家以下生产同类整车产品的合资企业。（2020年取消商用车制造外资股比限制。2022年取消乘用车制造外资股比限制以及同一家外商可在国内建立两家及两家以下生产同类整车产品的合资企业的限制）
10	卫星电视广播地面接收设施及关键件生产。
四、电力、热力、燃气及水生产和供应业	
11	核电站的建设、经营须由中方控股。
12	城市人口50万以上的城市供排水管网的建设、经营须由中方控股。
五、批发和零售业	
13	禁止投资烟叶、卷烟、复烤烟叶及其他烟草制品的批发、零售。
六、交通运输、仓储和邮政业	
14	国内水上运输公司须由中方控股。

续表

序号	特别管理措施
15	公共航空运输公司须由中方控股，且一家外商及其关联企业投资比例不得超过25%，法定代表人须由中国籍公民担任。
16	通用航空公司的法定代表人须由中国籍公民担任，其中农、林、渔业通用航空公司限于合资，其他通用航空公司限于中方控股。
17	民用机场的建设、经营须由中方相对控股。
18	禁止投资空中交通管制。
19	禁止投资邮政公司、信件的国内快递业务。
七、信息传输、软件和信息技术服务业	
20	电信公司：限于中国入世承诺开放的电信业务，增值电信业务的外资股比不超过50%（电子商务、国内多方通信、存储转发类、呼叫中心除外），基础电信业务须由中方控股。
21	禁止投资互联网新闻信息服务、网络出版服务、网络视听节目服务、互联网文化经营（音乐除外）、互联网公众发布信息服务（上述服务中，中国入世承诺中已开放的内容除外）。
八、金融业	
22	证券公司的外资股比不超过51%，证券投资基金管理公司的外资股比不超过51%。（2021年取消外资股比限制）

续表

序号	特别管理措施
23	期货公司的外资股比不超过51%。(2021年取消外资股比限制)
24	寿险公司的外资股比不超过51%。(2021年取消外资股比限制)
九、租赁和商务服务业	
25	禁止投资中国法律事务(提供有关中国法律环境影响的信息除外),不得成为国内律师事务所合伙人。
26	市场调查限于合资、合作,其中广播电视收听、收视调查须由中方控股。
27	禁止投资社会调查。
十、科学研究和技术服务业	
28	禁止投资人体干细胞、基因诊断与治疗技术开发和应用。
29	禁止投资人文社会科学研究机构。
30	禁止投资大地测量、海洋测绘、测绘航空摄影、地面移动测量、行政区域界线测绘,地形图、世界政区地图、全国政区地图、省级及以下政区地图、全国性教学地图、地方性教学地图、真三维地图和导航电子地图编制,区域性的地质填图、矿产地质、地球物理、地球化学、水文地质、环境地质、地质灾害、遥感地质等调查。

续表

序号	特别管理措施
十一、教育	
31	学前、普通高中和高等教育机构限于中外合作办学，须由中方主导（校长或者主要行政负责人应当具有中国国籍，理事会、董事会或者联合管理委员会的中方组成人员不得少于1/2）。
32	禁止投资义务教育机构、宗教教育机构。
十二、卫生和社会工作	
33	医疗机构限于合资、合作。
十三、文化、体育和娱乐业	
34	禁止投资新闻机构（包括但不限于通讯社）。
35	禁止投资图书、报纸、期刊、音像制品和电子出版物的编辑、出版、制作业务。
36	禁止投资各级广播电台（站）、电视台（站）、广播电视频道（率）、广播电视传输覆盖网（发射台、转播台、广播电视卫星、卫星上行站、卫星收转站、微波站、监测台及有线广播电视传输覆盖网等），禁止从事广播电视视频点播业务和卫星电视广播地面接收设施安装服务。
37	禁止投资广播电视节目制作经营（含引进业务）公司。

续表

序号	特别管理措施
38	禁止投资电影制作公司、发行公司、院线公司以及电影引进业务。
39	禁止投资文物拍卖的拍卖公司、文物商店和国有文物博物馆。
40	禁止投资文艺表演团体。

自由贸易试验区外商投资准入特别管理措施（负面清单）（2019年版）

说　明

一、《自由贸易试验区外商投资准入特别管理措施（负面清单）》（以下简称《自贸试验区负面清单》）统一列出股权要求、高管要求等外商投资准入方面的特别管理措施，适用于自由贸易试验区。《自贸试验区负面清单》之外的领域，按照内外资一致原则实施管理。

二、《自贸试验区负面清单》对部分领域列出了取消或放宽准入限制的过渡期，过渡期满后将按时取消或放宽其准入限制。

三、境外投资者不得作为个体工商户、个人独资企业投资人、农民专业合作社成员，从事投资经营活动。

四、境外投资者不得投资《自贸试验区负面清单》中禁止外商投资的领域；投资《自贸试验区负面清单》之内的非禁止投资领域，须进行外资准入许可；投资有股比要求的领域，不得设立外商投资合伙企业。

五、境内公司、企业或自然人以其在境外合法设立或控制的公司并购与其有关联关系的境内公司，涉及外商投资项目和企业设立及变更事项的，按照现行规定办理。

六、《自贸试验区负面清单》中未列出的文化、金融等领域与行政审批、资质条件、国家安全等相关措施，按照现行规定执行。

七、《内地与香港关于建立更紧密经贸关系的安排》及其后续协议、《内地与澳门关于建立更紧密经贸关系的安排》及其后续协议、《海峡两岸经济合作框架协议》及其后续协议、我国与有关国家签订的自由贸易区协议和投资协定、我国参加的国际条约对符合条件的投资者有更优惠开放措施的，按照相关协议或协定的规定执行。

八、《自贸试验区负面清单》由发展改革委、商务部会同有关部门负责解释。

自由贸易试验区外商投资准入特别管理措施
（负面清单）（2019 年版）

序号	特别管理措施
一、农、林、牧、渔业	
1	小麦、玉米新品种选育和种子生产的中方股比不低于34%。
2	禁止投资中国稀有和特有的珍贵优良品种的研发、养殖、种植以及相关繁殖材料的生产（包括种植业、畜牧业、水产业的优良基因）。

续表

序号	特别管理措施
3	禁止投资农作物、种畜禽、水产苗种转基因品种选育及其转基因种子（苗）生产。
二、采矿业	
4	禁止投资稀土、放射性矿产、钨勘查、开采及选矿。(未经允许，禁止进入稀土矿区或取得矿山地质资料、矿石样品及生产工艺技术。)
三、制造业	
5	禁止投资中药饮片的蒸、炒、炙、煅等炮制技术的应用及中成药保密处方产品的生产。
6	除专用车、新能源汽车外，汽车整车制造的中方股比不低于50%，同一家外商可在国内建立两家及两家以下生产同类整车产品的合资企业。（2020年取消商用车制造外资股比限制。2022年取消乘用车制造外资股比限制以及同一家外商可在国内建立两家及两家以下生产同类整车产品的合资企业的限制）
7	卫星电视广播地面接收设施及关键件生产。
四、电力、热力、燃气及水生产和供应业	
8	核电站的建设、经营须由中方控股。
9	城市人口50万以上的城市供排水管网的建设、经营须由中方控股。

续表

序号	特别管理措施
五、批发和零售业	
10	禁止投资烟叶、卷烟、复烤烟叶及其他烟草制品的批发、零售。
六、交通运输、仓储和邮政业	
11	国内水上运输公司须由中方控股。（且不得经营或租用中国籍船舶或者舱位等方式变相经营国内水路运输业务及其辅助业务；水路运输经营者不得使用外国籍船舶经营国内水路运输业务，但经中国政府批准，在国内没有能够满足所申请运输要求的中国籍船舶，并且船舶停靠的港口或者水域为对外开放的港口或者水域的情况下，水路运输经营者可以在中国政府规定的期限或者航次内，临时使用外国籍船舶经营中国港口之间的海上运输和拖航。）
12	公共航空运输公司须由中方控股，且一家外商及其关联企业投资比例不得超过25%，法定代表人须由中国籍公民担任。（只有中国公共航空运输企业才能经营国内航空服务，并作为中国指定承运人提供定期和不定期国际航空服务。）
13	通用航空公司的法定代表人须由中国籍公民担任，其中农、林、渔业通用航空公司限于合资，其他通用航空公司限于中方控股。
14	民用机场的建设、经营须由中方相对控股。
15	禁止投资空中交通管制。

续表

序号	特别管理措施
16	禁止投资邮政公司（和经营邮政服务）、信件的国内快递业务。
七、信息传输、软件和信息技术服务业	
17	电信公司：限于中国入世承诺开放的电信业务，增值电信业务的外资股比不超过50%（电子商务、国内多方通信、存储转发类、呼叫中心除外），基础电信业务须由中方控股（且经营者须为依法设立的专门从事基础电信业务的公司）。上海自贸试验区原有区域〔28.8平方公里〕试点政策推广至所有自贸试验区执行。
18	禁止投资互联网新闻信息服务、网络出版服务、网络视听节目服务、互联网文化经营（音乐除外）、互联网公众发布信息服务（上述服务中，中国入世承诺中已开放的内容除外）。
八、金融业	
19	证券公司的外资股比不超过51%，证券投资基金管理公司的外资股比不超过51%。（2021年取消外资股比限制）
20	期货公司的外资股比不超过51%。（2021年取消外资股比限制）

续表

序号	特别管理措施
21	寿险公司的外资股比不超过51%。(2021年取消外资股比限制)
九、租赁和商务服务业	
22	禁止投资中国法律事务(提供有关中国法律环境影响的信息除外),不得成为国内律师事务所合伙人。(外国律师事务所只能以代表机构的方式进入中国,且不得聘用中国执业律师,聘用的辅助人员不得为当事人提供法律服务;如在华设立代表机构、派驻代表,须经中国司法行政部门许可。)
23	市场调查限于合资、合作,其中广播电视收听、收视调查须由中方控股。
24	禁止投资社会调查。
十、科学研究和技术服务业	
25	禁止投资人体干细胞、基因诊断与治疗技术开发和应用。
26	禁止投资人文社会科学研究机构。
27	禁止投资大地测量、海洋测绘、测绘航空摄影、地面移动测量、行政区域界线测绘,地形图、世界政区地图、全国政区地图、省级及以下政区地图、全国性教学地图、地方性教学地图、真三维地图和导航电子地图编制,区域性的地质填图、矿产地质、地球物理、地球化学、水文地质、环境地质、地质灾害、遥感地质等调查。

续表

序号	特别管理措施
十一、教育	
28	学前、普通高中和高等教育机构限于中外合作办学，须由中方主导（校长或者主要行政负责人应当具有中国国籍（且在中国境内定居），理事会、董事会或者联合管理委员会的中方组成人员不得少于1/2）。（外国教育机构、其他组织或者个人不得单独设立以中国公民为主要招生对象的学校及其他教育机构（不包括非学制类职业技能培训），但是外国教育机构可以同中国教育机构合作举办以中国公民为主要招生对象的教育机构。）
29	禁止投资义务教育机构、宗教教育机构。
十二、卫生和社会工作	
30	医疗机构限于合资、合作。
十三、文化、体育和娱乐业	
31	禁止投资新闻机构（包括但不限于通讯社）。（外国新闻机构在中国境内设立常驻新闻机构、向中国派遣常驻记者，须经中国政府批准。外国通讯社在中国境内提供新闻的服务业务须由中国政府审批。中外新闻机构业务合作，须中方主导，且须经中国政府批准。）
32	禁止投资图书、报纸、期刊、音像制品和电子出版物的编辑、出版、制作业务。（但经中国政府批准，在确保合作中方的经营主导权和内容终审权并遵守中国政府批复的其他条件下，中外出版单位可进行新闻出版中外合作出版项目。未经中国政府批准，禁止在中国境内提供金融信息服务。）

续表

序号	特别管理措施
33	禁止投资各级广播电台（站）、电视台（站）、广播电视频道（率）、广播电视传输覆盖网（发射台、转播台、广播电视卫星、卫星上行站、卫星收转站、微波站、监测台及有线广播电视传输覆盖网等），禁止从事广播电视视频点播业务和卫星电视广播地面接收设施安装服务。(对境外卫星频道落地实行审批制度。)
34	禁止投资广播电视节目制作经营（含引进业务）公司。(引进境外影视剧和以卫星传送方式引进其他境外电视节目由广电总局指定的单位申报。对中外合作制作电视剧（含电视动画片）实行许可制度。)
35	禁止投资电影制作公司、发行公司、院线公司以及电影引进业务。（但经批准，允许中外企业合作摄制电影。)
36	禁止投资文物拍卖的拍卖公司、文物商店和国有文物博物馆。(禁止不可移动文物及国家禁止出境的文物转让、抵押、出租给外国人。禁止设立与经营非物质文化遗产调查机构；境外组织或个人在中国境内进行非物质文化遗产调查和考古调查、勘探、发掘，应采取与中国合作的形式并经专门审批许可。)
37	文艺表演团体须由中方控股。

宪法法律委、财经委、法工委座谈会对外商投资法草案的意见

2019年1月8日，宪法法律委、财经委、法工委联合召开座谈会，听取中央有关部门、协会、企业及专家学者对外商投资法草案的意见。普遍认为，制定外商投资法意义重大，草案体现了新形势下积极促进和保护外商投资、进一步扩大对外开放的方向和立场，内容总体可行。同时，提出以下意见和建议：

一、关于外商投资的界定

1. 草案第二条第二款规定，本法所称外商投资，是指外国的自然人、企业和其他组织（以下称外国投资者）直接或者间接在中国境内进行的投资活动。同时，对外商投资的情形进行了列举，其中第一项为“外国投资者单独或者与其他投资者共同在中国境内投资新建项目、设立外商投资企业或者增加投资”。

有的单位提出，目前实践中的外商投资主要是指外商直接投资，草案将直接投资、间接投资统一纳入本法调整，使外商投资的范围复杂化，是否合适，建议再作研究。有的部门提出，外国投资者在股票、债券、外汇、货币等金融市场从事的投资活动，不应适用本法，建议予以明确。有的单位建议，对外商直接投资和间接投资的具体情形进行明确列举。有的单位提出，对外商投资的界定涉及本法的调整范围，该款规定不够清晰、

准确，建议进一步完善。

有的专家提出，外国投资者中的“其他组织”是否包括外国的非营利组织，建议明确；有的单位建议按照宪法第十八条中“外国的企业和其他经济组织或者个人”的表述，将“其他组织”改为“其他经济组织”。

有的单位提出，该款第一项中的“其他投资者”，是仅指外国投资者，还是也包括境内投资者或者港澳台投资者，建议明确。有的单位和专家提出，第一项中的“投资新建项目”，具体是指什么情形，不清楚，建议明确。

2. 草案第二条第三款规定，本法所称外商投资企业，是指全部或者部分由外国投资者投资，依照中国法律在中国境内经登记注册设立的企业。

有的单位和专家提出，按照现行中外合资经营企业法的规定，外国投资者的投资比例一般不低于25%，为保持外资政策的连续性，建议在草案中相应增加关于外国投资者的投资比例的规定。

3. 有的单位建议，对外商投资企业境内再投资是否属于外商投资予以明确。有的专家建议，对外资协议控制境内企业是否属于外商投资予以明确。有的单位建议，对境内企业的返程投资是否属于外商投资的问题进行研究。

二、关于外商投资管理

1. 草案第四条第一款中规定，国家对外商投资实行准入前国民待遇加负面清单管理制度。

有的单位提出，“准入前国民待遇”不是法律语言，建议改为“国家对外商投资的准入实行国民待遇”。有的单位和专家建议增加外资准入后国民待遇的相关规定。

2. 草案第二十七条第一款规定，外商投资准入负面清单规定禁止投资的领域，外国投资者不得投资；第二款规定，外商投资准入负面清单规定限制投资的领域，外国投资者进行投资应当符合负面清单规定的条件；第三款规定，外商投资准入负面清单以外的领域，按照内外资一致的原则实施管理。

有的单位建议在第一款中增加禁止以委托投资、代为持股、信托等形式进行变相投资的规定。

有的单位建议在第二款中明确相关领域行政许可与企业登记注册的关系，即外商投资负面清单内限制投资领域的，应当在依法取得相关行政许可后，再办理企业登记注册手续，领取营业执照。同时，建议增加规定，国家市场监管总局及其授权的地方市场监管部门负责全国外商投资企业登记注册管理工作。

有的单位建议，按照允许、限制、禁止的顺序，对本条各款的安排作出调整。

3. 有的专家建议在草案第三十一条外商投资信息报告制度中增加规定，与外国投资者合作的中方投资主体，也负有信息报告义务。

4. 有的单位建议对草案第三十三条第二款“依法作出的安全审查决定为最终决定”的规定再作研究。

三、关于外商投资促进

1. 草案第九条规定，除法律、行政法规另有规定外，国家支持企业发展的各项政策同等适用于外商投资企业。

有的单位建议对本条的句式进行调整，将除外规定放到后面，体现正面导向。

2. 草案第十条第一款规定，制定与外商投资有关的法律、法规、规章，应当听取外商投资企业的意见和建议；第二款规定，与外商投资有关的规范性文件、司法判决，应当依法及时公布。

有的单位提出，制定规范性文件，也应当听取外商投资企业意见，建议在第一款中增加“规范性文件”。

有的单位提出，第二款将“规范性文件”与“司法判决”并列，不恰当，建议修改。有的单位建议在第二款中增加规定，涉及国家秘密或者商业秘密的司法判决除外。

3. 有的单位建议，在草案第十六条政府采购依法平等对待外商投资企业的“产品”后增加“服务”、“工程”。

四、关于外商投资保护

1. 草案第二十条规定，国家对外商投资不实行征收；在特殊情况下，根据社会公共利益需要对外商投资实行征收的，应当依照法定程序进行，并给予公平、合理的补偿。

有的单位提出，物权法规定征收的范围限于“土地、房屋及其他不动产”，建议草案与物权法的规定相衔接，明确在特殊情况下对外商投资征收的对象为“国有土地使用权、房屋及其他不动产”。有的单位建议在补偿原则中增加“及时”的要求。

有的单位建议在本条中增加关于征用的规定。

有的专家建议规定，我国对外签署的投资保护协定对外资的保护有更优惠规定的，适用相关协定。

2. 草案第二十二条第二款中规定，行政机关及其工作人员不得利用行政手段强制转让技术。

有的部门提出，除行政机关外，还存在部分企业利用其市场优势地位要求进行技术转让的情况，建议对草案的规定进行修改，使之能够涵盖各类情况。

3. 草案第二十四条规定，地方政府及其有关部门因国家利益、社会公共利益需要改变向外国投资者、外商投资企业作出的政策承诺和依法订立的合同约定的，应当严格依照法定权限和程序进行，并依法对外国投资者、外商投资企业因此受到的损失予以补偿。

有的专家建议对“政策承诺”的范围作出明确界定。

有的单位提出，对于地方政府及其部门改变政策承诺或者合同的，应当按照合同法的相关规定进行处理，建议对草案的规定再作研究。有的单位建议在“依法”后增加“或者依照合同”对外国投资者、外商投资企业予以补偿。

有的单位提出，本条与草案第二十条关于征收理由的表述不一致，建议研究；并建议按照第二十条的规定对补偿原则作出规定。

有的单位建议增加规定，地方政府及其有关部门改变政策承诺或者合同，应当报经省级以上政府批准。

五、关于法律责任

1. 草案第三十五条中规定，外国投资者违反负面清单的，由有关主管部门责令采取必要措施“恢复到实施投资前的状态”。

有的单位建议明确，不能“恢复到实施投资前的状态”时应如何处理，建议规定不能恢复的，应当承担相应的补偿责任。

有的专家建议在本条中增加外国投资者违反负面清单的刑事责任的规定。

2. 草案第三十六条中规定，对外国投资者、外商投资企业违反法律、法规的行为，由有关部门依法查处，实施联合惩戒。

有的单位提出，“依法处理”已包括联合惩戒，且规定对外资实行联合惩戒也不符合鼓励、促进外资的基调，建议删去相关规定。

3. 有的单位提出，法律责任一章，逻辑关系不清晰，相关规定过于原则，可操作性不强，建议梳理、完善。

六、关于废止“外资三法”

草案第三十九条规定，本法施行后，“外资三法”同时废止；本法施行前依照“外资三法”设立的外商投资企业，在本法施行后五年内可以继续保留原企业组织形式。

有的单位和专家提出，本法施行后，应允许依照“外资三法”设立的企业自行选择是否保留原组织形式，建议对草案的规定再作研究。有的单位提出，如果要求企业必须改变原组织形式，建议给予较长时间的过渡期，如十到十五年。

一些单位提出，本法施行过渡期满后，依照“外资三法”设立的企业具体如何转变组织形式，是否需要重新注册登记、经过安全审查，建议予以明确，或者通过配套规定提供明确指引，避免增加相关企业负担，稳定企业预期。有的单位和专家建议明确，“外资三法”废止后，外商投资企业适用公司法、合伙企业法等市场主体相关法律。

七、关于港澳台投资的法律适用

有的单位提出，台胞投资不应参照适用本法，目前的草案没有涉及台胞投资的内容，对草案没有意见。

有的单位提出，将港澳投资作为外资管理，符合“一国两制”和WTO框架下港澳的特殊定位，也有利于维护国家安全和港澳社会稳定。建议对港澳投资的法律适用问题作出明确规定，可考虑以下三个方案：一是在本法中明确规定参照适用；二是将草案第二条中的“外国投资者”改为“境外投资者”，以涵盖港澳投资；三是在本法中规定，港澳投资由法律、行政法规另行规定，同时在有关说明中明确，在有关规定出台前参照适用本法。此外，港澳方面对本法高度关注，建议以适当方式征求两个特别行政区的意见，并建议在法律通过后进行充分地宣传解读，避免产生误解。

八、其他意见

1. 有的专家建议在第一条立法目的中增加“促进技术创新、增加就业、改善民生”。有的专家建议删去其中“进一步扩大对外开放”、“推动形成全面开放新格局”等具有阶段性的表述。有的单位建议增加规定，“根据宪法”制定本法。

2. 有的单位建议在草案第六条中增加规定，外国投资者、外商投资企业“不得违背公序良俗”。

有的单位建议按照宪法第十八条的规定，将草案第五条、第六条整合为一条。

3. 有的单位提出，草案第三十七条关于对其他国家采取对等限制措施的规定，与本法的精神不符，不作规定也不影响实际操作，建议删去该条规定。

4. 有的单位提出，草案总体上比较原则，为保证本法有效实施，建议在本法施行时同步出台相关配套规定。

外商投资法草案向社会公众征求意见的情况

2018 年 12 月 26 日至 2019 年 2 月 24 日，外商投资法草案在中国人大网公布，征求社会公众的意见，为期 60 天。其间，共收到 391 位社会公众提出的 1139 条意见。此外，还收到群众来信 6 封。现将主要意见简报如下：

一、总的意见

普遍认为，改革开放 40 年来，中国经济社会发展取得历史性成就，发生历史性变化。在新的形势下，制定外商投资法，加强外商投资领域的顶层制度设计，积极促进和保护外商投资，宣示我国在新时代进一步扩大对外开放的原则和立场，意义重大，非常必要。外商投资法草案，体现了党中央有关决策部署要求和习近平总书记有关重要讲话精神，在外商投资的促进、保护和规范等方面取得显著进步，有利于营造法治化国际化便利化的营商环境，进一步增强外商投资的信心，提升利用外资工作的质量和水平；草案内容全面，结构合理，逻辑清晰，总体可行。

有的意见提出，草案总体上比较原则，一些概念、制度不够明确、具体，建议进一步澄清、细化，予以完善。也有的意见提出，草案符合外商投资基础性法律的定位，本法主要是对外商投资的基础制度框架作出安排，宣示对外开放立场，对相关具体内容可由下位法作出配套规定，本法不必面面俱到。有的建议规定，国务院根据本法制定实施条例。

二、关于外商投资的界定

草案第二条对外商投资的界定作了规定。

有的建议对外国政府、国际组织是否属于外国投资者予以明确；有的建议将外国投资者中的“其他组织”明确为“其他经济组织”。有的建议将外国投资主体表述为“外国的自然人、法人和非法人组织”。有的建议对中国的自然人能否与外国投资者合作，参与外商投资活动的问题进行研究。有的建议对投资者国籍变更情形下的外商投资认定问题作出规定。

有的建议规定，外国投资者持股超过一定比例的，才属于外商投资。有的建议明确外国投资者“间接投资”的具体标准。有的建议以“实际控制”作为界定外商投资的标准。有的建议对外资协议控制（VIE 结构）问题、境内投资者实际控制的境外企业返程投资问题作出规定。有的建议明确，外商投资企业再投资设立企业是否属于外商投资。

有的建议对外国投资者“投资新建项目”的具体含义作出界定。有的建议对外国投资者“通过并购方式取得股份”的具体方式作出规定。

三、关于外商投资的准入

草案第四条对外商投资准入前国民待遇加负面清单管理制度作了规定。

1. 有的建议对草案规定的“准入前国民待遇”的具体含义予以明确。有的提出，国际上有代表性的双边投资协定关于国民待遇的规定，一般表述为：“缔约方给予另一缔约方投资者的待遇应不低于类似情形下在设立、获取、扩大、管理、经营、运营、出售或其他投资处置方面给予国内投资者的待遇”，建议参照上述表述对准入前国民待遇作出具体界定。有的建议将“准入前”界定为“准入阶段”。

2. 有的建议将“负面清单”表述为“准入特别管理措施”。有的建议修改草案中“负面清单由国务院发布或者批准发布”的规定，改为由全国人大常委会批准发布；有的建议改为由国务院发布，报全国人大常委会备案。

有的建议规定负面清单制定的基本原则，如公共利益需要、维护经济安全、履行国际义务等。有的建议明确负面清单包括禁止投资、股比要求、业绩要求、高管要求等具体措施。有的建议规定负面清单实行定期调整。有的建议在法律中明确规定，国家可在自贸试验区等特定区域开展削减负面清单的试点。

3. 有的提出，该条第一款中规定，“中华人民共和国缔结或者参加的国际条约、协定对外国投资者待遇另有规定的，从其规定”，将导致国际条约、协定不经转化直接在国内适用，是否合适，建议再作研究论证。有的提出，上述规定符合条约必须遵守的原则，也符合本法扩大开放的精神，可以保留。有的建议将草案的规定修改为：中华人民共和国遵守缔结或者参加的国际条约、协定关于外国投资者待遇的规定。

四、关于外商投资的促进

1. 草案第十条第一款规定，制定与外商投资有关的法律、法规、规章，应当听取外商投资企业的意见和建议；第二款规定，与外商投资有关的规范性文件、司法判决，应当依法及时公布。

有的建议在第一款规定的文件范围中增加“规范性文件”。有的建议在征求意见的对象中增加“外国投资者”，或者改为

“听取外商投资企业等方面的意见”。有的建议将其中的“听取意见”修改为“征求意见”。有的建议规定征求意见的反馈制度。

有的提出，第二款中“司法判决”的表述不准确，建议改为“法院判决书”或“司法裁判文书”。有的建议明确，涉及国家秘密、商业秘密、个人隐私的司法判决不予公布。

2. 有的提出，草案第十一条关于国家建立健全外商投资服务体系的规定、第十四条关于国家采取优惠措施鼓励和引导外商投资的规定，给予外商投资超国民待遇，建议规定内资企业同等享受相关待遇，或者删除上述规定。

3. 有的建议将草案第十五条中外商投资企业平等参与“标准化工作”的表述，修改为平等参与“标准的制定”。有的建议增加规定，国家鼓励外商投资企业遵守推荐性标准。

4. 草案第十六条中规定，政府采购依法对外商投资企业在中国境内生产的产品平等对待。

有的建议在该条规定的“产品”后增加“提供的服务”。有的建议草案与政府采购法所规定的“货物、工程、服务”的采购范围相衔接。有的建议在该条中规定法律、行政法规另有规定的除外情形，维护政府采购活动中的国家安全。

5. 草案第十八条规定，地方各级政府可以在法定权限内制定外商投资促进政策。

有的建议规定，地方政府制定上述投资促进政策，应当进行公平竞争审查。有的建议将其中的“促进政策”修改为“促进和便利化政策”。

五、关于外商投资的保护

1. 草案第二十条规定，国家对外商投资不实行征收；在特殊情况下，根据社会公共利益需要对外商投资实行征收的，应当依照法定程序进行，并给予公平、合理的补偿。

有的建议在“征收”后增加“国有化”。有的建议增加关于外商投资征用的规定。

有的建议按照宪法关于征收的规定，将“社会公共利益”改为“公共利益”；有的建议对“社会公共利益”作出具体界定。

有的建议在补偿原则中增加“足额”，有的建议增加“等价、等值”，有的建议规定为“及时、充分、有效”。有的建议明确征收应当遵循“非歧视”的原则。

2. 草案第二十二条第二款中规定，行政机关及其工作人员不得利用行政手段强制转让技术。

有的提出，上述规定不够全面，建议改为任何单位和个人不得以任何形式和手段强制转让技术；或者增加禁止变相强制转让技术的规定。也有的意见提出，依法行政是有关法律对行政机关及其工作人员的基本要求，草案不必专门作出上述规定。

3. 草案第二十四条第二款规定，因国家利益、社会公共利益需要改变政策承诺或者合同约定的，应当依照法定权限和程序进行，并依法对外国投资者、外商投资企业因此受到的损失予以补偿。

有的提出，本条规定的改变政策承诺或者合同约定的事由、给予外商投资的补偿，在具体表述上与草案第二十条的规定不一致，建议衔接。

有的提出，“政策承诺”的具体标准实践中不好把握，建议删去；有的建议进一步界定。有的建议明确是否为包括预期利益的间接损失。

4. 草案第二十五条对外商投资企业投诉工作机制作了规定。

有的提出，该条规定给予外商投资超国民待遇，建议规定内资企业同等享受相关待遇，或者删除上述规定。

有的提出，应当允许外国投资者通过投诉工作机制申请解决问题，建议增加相应规定。有的建议明确该条规定的投诉工作机制与行政复议、行政诉讼的关系。

六、关于外商投资的管理

1. 有的提出，草案第七条关于外商投资主管部门的规定过于原则，对相关部门的职责权限划分不清楚，建议予以明确，避免出现部门不作为、乱作为的问题。

2. 草案第二十八条、第二十九条分别规定了外商投资项目核准备案和行业许可。

有的提出，负面清单管理与投资项目核准备案、行业许可是什么关系，具体如何操作，不清楚，建议梳理细化。

有的建议对外商投资办理核准备案、行政许可的程序作出有可操作性的具体规定。有的建议确定一个部门负责受理外商投资相关事务的申请。

3. 有的提出，草案第三十一条关于外商投资信息报告制度的规定过于原则，建议进一步细化，明确信息报送的具体范围、程序等事项。

4. 有的提出，草案第三十三条关于外商投资安全审查制度的规定过于原则，建议进一步充实完善，明确审查的部门、标准、程序等具体事项。有的建议对“安全审查决定为最终决定”的规定再作研究。

5. 有的建议对外商投资企业的组织形式作出具体规定。有的建议明确，外国投资者设立外商投资企业，适用公司法、合伙企业法等市场主体法律的规定。

6. 有的建议增加外商投资企业在反垄断、反不正当竞争、职工权益保护、环境保护、消费者保护等方面义务的规定。有的建议增加关于外商投资争议解决的规定。

七、其他意见

1. 有的建议在立法目的中增加“规范外商投资活动”的规定，有的建议增加“根据宪法，制定本法”的规定。

2. 有的建议明确港澳台投资的法律适用问题。有的建议规定港澳台投资参照适用本法，保持政策连续性。

有的建议，对在国外定居具有中国国籍的华侨的投资是否适用本法予以明确。

3. 有的建议在草案第六条中增加以下规定：外商投资不得危害国家主权；不得违背公序良俗；不得损害他人合法权益；应当诚实信用；应当承担社会责任；应当坚持可持续发展，进行负责任的投资。

4. 草案第八条对外商投资企业的工会活动作了规定。

有的建议明确，外商投资企业工会活动按照公司法、工会法等法律法规的规定执行。有的建议按照工会法的相关规定，对该条规定进行充实完善，进一步细化，加强外商投资企业的工会活动，维护好职工合法权益。

5. 有的建议增加关于外商投资企业党组织活动的规定。

6. 有的建议在总则中增加关于竞争中立原则的规定，对内资外资、大小企业实行平等对待，营造公平竞争的市场环境。

7. 有的建议明确草案第三十五条关于违反负面清单管理责任规定的执法主体；有的建议增加罚款的行政处罚；有的建议增加刑事责任的规定。有的提出，违反负面清单进行投资后，无法恢复到实施投资前的状态的，应如何处理，建议明确。

8. 草案第三十九条规定，本法施行后，“外资三法”同时废止；本法施行前依照“外资三法”设立的外商投资企业，在本法施行后五年内可以继续保留原企业组织形式。

有的提出，按照法不溯及既往的原则，本法施行前依照“外资三法”设立的企业，应可以在本法施行后保留原组织形式不变，建议对草案的规定再作研究。有的提出，相关企业具体如何变更组织形式，建议进一步明确。有的提出，本法施行后“外资三法”即行废止，此前设立的外商投资企业在组织形式方面将面临无法可依的问题，建议再作研究；有的建议可不立即废止“外资三法”，给予企业一定的过渡期，于过渡期满后废止“外资三法”。

外商投资法草案上海调研简报

2019 年 2 月，全国人大常委会法制工作委员会的同志赴上海，就外商投资法草案（以下简称草案）进行调研。期间，召开座谈会听取了上海市有关部门、专家学者以及部分外国商会、外商投资企业的意见，并到中国（上海）自由贸易试验区实地调研。现将有关情况简报如下：

一、上海外商投资的有关情况

截至2018年底，上海累计引进外商投资（含港澳台投资，下同）项目9.7万个，共登记注册外商投资企业8.7万户，目前存续运营约5万户；外商投资企业认缴注册资本合计5829亿美元，实到外资2404亿美元，约占全国的11%。十三五以来（2016－2018年），上海年均新设外商投资项目4900个，年均新增实到外资176亿美元，其中90%投资于服务业。2018年，投资来源地前十位分别是中国香港、德国、新加坡、开曼群岛、日本、美国、英属维尔京群岛、英国、法国、荷兰，合计实到外资占全市的90%以上。

2013年9月，国务院印发上海自贸试验区总体方案，上海自贸试验区挂牌成立，范围涵盖原上海综合保税区28.78平方公里，由外高桥保税区、外高桥保税物流园区、洋山保税港区和浦东机场综合保税区四个海关特殊监管区组成。2015年4月，国务院印发进一步深化上海自贸试验区改革开放方案，上海自贸试验区扩展到120.72平方公里，扩展区域包括陆家嘴金融片区（含世博片区）、金桥开发片区和张江高科技片区。2017年3月，国务院印发全面深化上海自贸试验区改革开放方案，要求上海自贸试验区对照国际最高标准、最好水平的自由贸易区，全面深化自贸试验区改革开放，加快构建开放型经济新体制，在新一轮改革开放中进一步发挥引领示范作用。

2013年8月，全国人大常委会作出授权国务院在上海自贸试验区暂时调整有关法律规定的行政审批的决定；2014年12月，全国人大常委会作出授权国务院在上海自贸试验区扩展区域暂时调整有关法律规定的行政审批的决定。五年来，上海自贸试验区根据全国人大常委会的授权，按照国务院的统一部署，聚焦投资、贸易、金融等领域，积极进行改革创新，形成了一批基础性制度和核心制度，100 多项制度创新成果已向全国复制推广。在外商投资方面，确立了以负面清单管理为核心的投资管理制度。2013 年制定发布了全国首份负面清单，共 190 条，经四次修订后，到 2018 年版已减少到 45 条。对负面清单之外的领域（95% 以上的投资项目）实施备案管理，外商投资的办理时间由 8 个工作日缩减到 1 个工作日，申报材料由 10 份减少到 3 份。截至 2018 年底，上海自贸试验区累计新设立外商投资企业 1.1 万户。

二、上海有关部门、专家学者以及部分外国商会、外商投资企业对草案的意见

（一）总的意见

普遍认为，草案总结中国改革开放 40 年来利用外资的成功经验，巩固中国外资管理改革创新的成果，突出扩大对外开放和积极利用外资的主基调，在国际经贸关系复杂的背景下，鲜明展现了中国进一步扩大开放的坚定决心、信心和勇气，为吸引外商投资提供了坚实的法制保障，非常及时，很有必要。

有的外国商会和外商投资企业表示，草案突出强调国民待遇、内外资一致原则，对外资管理体制作出重大改革，是外资立法的里程碑。草案对外国投资者、外商投资企业关注的很多问题作出了积极回应，外国投资者、外商投资企业对草案的很多规定，如国家支持企业发展的各项政策同等适用于外商投资企业，外商投资企业平等参与标准化工作、公平参与政府采购活动，禁止利用行政手段强制转让技术，严格履行政策承诺和各类合同，建立外商投资企业投诉工作机制等，都非常欢迎，感到深受鼓舞、信心倍增；希望草案尽快通过、实施。有的单位提出，全国人大常委会将草案通过互联网公开征求意见 60 天，并专门开会听取外国商会、外商投资企业的意见，体现了对外商投资企业的高度重视，对此非常欢迎。

有的部门、单位和专家提出，草案的规定较为原则，建议尽可能细化有关规定，并及时制定实施细则，以提高法律的确定性，稳定投资预期。

（二）关于外商投资的界定

1. 草案第二条对外商投资作了界定。

有的部门、单位和专家建议对“外商投资”作出更加清晰的界定，如明确“间接投资”的含义，是否通过“实际控制标准”、投资比例认定外商投资，通过协议控制模式进行的投资、外商投资企业再投资等情形是否适用本法等。

有的专家建议对“外国投资者”作出明确界定。有的单位建议对“其他组织”作出明确界定。

2. 有的单位和专家建议明确，港澳台地区投资参照适用本法。

（三）关于准入前国民待遇加负面清单管理制度

1. 草案第四条对外商投资准入前国民待遇加负面清单管理制度作了规定。

有的部门、单位和专家建议将“准入前国民待遇”修改为“国民待遇”。

有的专家建议将“负面清单”界定为“与国民待遇不符的

措施”。

2. 草案第二十七条对负面清单管理的不同情形作了规定；第二十八条、第二十九条对外商投资项目的核准、备案、相关行政许可作了规定。

有的专家建议增加规定，外国投资者不得规避负面清单的禁止性、限制性规定进行变相投资。

有的单位提出，实践中存在“负面清单”允许外商投资进入，但相关地方性法规、规章对外商投资的核准、备案、行政许可作了限制性规定，出现“准入不准营”的情况，建议统筹研究解决。

（四）关于外商投资促进

1. 有的专家建议在草案第十条关于司法判决公开的规定中增加除外条款：涉及国家秘密、商业秘密或个人隐私的除外。

2. 有的专家提出，草案第十四条关于国家采取优惠措施引导投资方向的规定，应当避免违反 WTO《补贴与反补贴协定》，建议增加规定：所采取的优惠措施应当符合我国缔结或参加的国际条约、协定的规定。

3. 草案第十五条规定，外商投资企业平等参与标准化工作。

有的单位建议修改为，外商投资企业平等参与标准制定工作；国家制定标准时，应当征求外商投资企业的意见，征求意见时间不少于60天。有的单位建议修改为，国家为外商投资企业参与标准制定工作提供保障、创造条件。有的专家建议修改为，国家鼓励外商投资企业、外国投资者参与标准化工作。

4. 草案第十八条规定，地方各级人民政府可以在法定权限内制定外商投资促进政策。

有的单位建议增加规定，地方人大及其常委会可以在法定权限内制定促进外商投资的地方性法规。

有的单位建议增加规定，地方政府制定外商投资促进政策应当向本级人大常委会备案，由本级人大常委会进行合法性审查，在专门平台公开。

5. 有的专家建议，将本章章名由“投资促进”修改为“外商投资促进和服务”，并进一步增加有关外商投资服务的规定。

（五）关于外商投资保护

1. 草案第二十条规定，国家对外商投资不实行征收；在特殊情况下实行征收的，应当给予补偿。

有的单位和专家建议将“不实行征收”修改为“一般不实行征收”。有的专家建议明确，征收应当遵循“非歧视”原则。有点单位建议进一步细化征收补偿标准。

有的单位建议在“征收”后增加“征用”。

2. 草案第二十一条规定，外国投资者在中国境内的出资、利润等可以依法自由转出。

有的单位建议增加规定，外国投资者的上述资金也可以依法自由转入。

3. 草案第二十二条对保护外国投资者和外商投资企业的知识产权、禁止强制转让技术作了规定。

有的单位建议增加国家保护知识产权的具体制度安排，如消费者协会支持权利人提起诉讼、检察院提起公益诉讼等。

4. 草案第二十四条中规定，地方各级人民政府及其有关部门应当严格履行向外国投资者、外商投资企业依法作出的政策承诺以及依法订立的各类合同。

有的单位提出，外国投资者、外商投资企业与地方政府及其有关部门直接签订合同，该合同的法律性质、效力存在争议，发生纠纷时维权较为困难。建议规定，地方政府应当通过其下属商事主体与外国投资者、外商投资企业签订投资合同。有的单位提出，有的协议内容（如协助办理行政审批事项）只有政府及其有关部门才能做到，外国投资者、外商投资企业仍有与政府直接签订合同的需要。

5. 草案第二十五条对外商投资企业投诉工作机制作了规定。

有的单位建议细化外商投资企业投诉工作机制的规定。

有的单位建议明确外商投资企业投诉工作机制与行政复议、行政诉讼的关系。有的部门建议增加规定，外商投资企业也可以通过行政复议、行政诉讼解决相关问题。有的部门提出，行政机关及其工作人员侵犯外商投资企业合法权益的行为，应当通过行政诉讼、行政复议等方式解决；实践中，外商投资企业也极少就此提出投诉，设立外商投资企业投诉工作机制的必要性不大。

有的部门提出，上海建立了专门的外商投资领导小组，协调外商投资领域的重大问题，实践中效果很好，建议增加规定，国家建立外商投资领域重大问题协调机制。有的部门建议增加规定，国家建立外商投资企业维权工作机制。

6. 有的部门建议增加关于投资者与东道国争端解决机制的规定。

（六）关于外商投资管理

1. 草案第三十一条对外商投资信息报告制度作了规定。

有的单位建议细化信息报告的范围、程序等规定，以提高可操作性。有的专家提出，外国投资者、外商投资企业对信息公开存在较大的疑虑，建议增加规定，外商投资信息涉及商业秘密、个人隐私的，不予公开，法律、行政法规另有规定的除外。有的单位提出，信息报告制度不符合国民待遇原则，建议删除；如需报告，建议在公司法等内外资企业同等适用的法律中规定。

有的部门建议，增加关于违反信息报告义务的法律责任的规定。

2. 草案第三十三条对国家安全审查制度作了规定。

有的部门和单位建议对国家安全审查的范围、程序、后果等基本内容作出明确规定，以便于外商投资企业遵循。有的单位建议，将国家安全审查的范围限于负面清单规定的领域。

有的单位建议规定，外商投资企业、外国投资者可以就国家安全审查决定向法院起诉。

3. 有的专家建议增加有关经营者集中反垄断审查的规定。

4. 有的单位建议增加规定，国家对与外商投资有关的法规、规章、规范性文件和其他政策措施实行公平竞争审查制度。

（七）关于废止“外资三法”

草案第三十九条规定，本法施行后，“外资三法”同时废止；本法施行前依照“外资三法”设立的外商投资企业，在本法施行后五年内可以继续保留原企业组织形式。

1. 有的单位提出，现行“外资三法”及其实施细则对外商投资企业管理作了比较详细的规定；废止“外资三法”，要及时填补由此造成的空白，使相关行政管理有法可依，使相关企业有章可循；要做好与公司法、破产法等相关法律的衔接，明确企业组织形式、内部纠纷、退出市场等情形的法律适用。

2. 有的专家建议明确，“外资三法”废止后，外商投资企业可以采用公司、合伙等组织形式。有的单位建议，将本法施行后“五年内可以继续保留原企业组织形式”，修改为“五年后应当依法调整企业组织形式”；同时增加规定，仅在企业自身需要办理登记事项变更时，才需要同时变更企业组织形式。

3. 有的单位提出，外商投资企业调整组织形式，需要对合资协议、章程等重新谈判，涉及的工作量较大，建议采取适当方式，帮助外商投资企业实现平稳过渡。

4. 有的部门建议，将“企业组织形式”修改为“企业类型”。

（八）其他意见

1. 有的专家建议将第一条立法目的中的“为了进一步扩大开放”修改为“国家坚持对外开放基本国策”；并增加“给予外商投资公平待遇”“构建统一、公开、透明的外商投资管理制度”的规定。

2. 有的单位建议对有关部门的具体职责分工作出明确规定，并建立“一口受理”机制。

3. 有的单位提出，考虑到外资企业的独特性，不宜将对国内企业设立工会的要求简单套用于外商投资企业。

4. 有的部门提出，实践中，有的外商投资企业退出时未履行注销手续，出现纠纷时很难追究到外国投资者的责任，建议增加规定，外商投资企业退出市场的，应当履行解散、破产清算、注销等法定程序。有的单位建议完善有关外商投资企业自由退出的规定。

5. 有的单位提出，为配合外商投资法有效实施，地方人大需要制定哪些配套法规，建议统筹研究。

6. 有的部门和单位建议，加强对草案的宣传解读，使社会各界更好理解草案有关规定的确切含义。

关于“准入前国民待遇”的有关情况

外商投资法草案规定了外商投资的准入前国民待遇加负面清单管理制度。

一、准入前国民待遇的含义

国民待遇，是指东道国对在本国境内从事相关活动的外国组织或者个人给予不低于本国的组织或者个人的待遇。国际投资领域的国民待遇，是指东道国对外国投资者及其投资给予不低于本国投资者及其投资所享有的待遇。“投资”既包括设立企业，也包括取得股权、债券、金融衍生品、知识产权、自然资源开发特许权、建设工程合同及其他具有投资特征的资产。

依据国际投资的理论与实践，国际投资活动通常以外资进入东道国为标志划分为两个阶段：外资进入东道国之前的阶段为“外资准入阶段”（即“准入前”），外资进入东道国之后的阶段为“外资运营阶段”（即“准入后”）。国际投资领域中的国民待遇，一般理解为在外资运营阶段享有国民待遇，即要求内外资在市场竞争中处于公平地位，通常不包括外资准入阶段的国民待遇。“准入前国民待遇”将国民待遇的适用范围从准入后扩大到准入前，涵盖了投资的整个生命周期，包括投资的设立、取得、扩大、管理、经营、运营、出售和其他处置。

准入前国民待遇，实际上是要求内外资有平等进入某一市场领域的机会。对外商投资给予准入前国民待遇，一定程度上降低了东道国外资准入的“门槛”，扩大了开放程度，加大了外资监管难度，可能对东道国经济和产业结构形成冲击。因此，国际投资领域的国民待遇并不是绝对的，为减轻外资对本国经济和产业结构的冲击，维护本国的国家利益和发展利益，国际投资协定大都规定了一些例外条款，允许基于国家安全、金融审慎、信息报告等原因采取差异化的措施（内外资不一致），以“负面清单”的形式列明对外国投资者及其投资的特别管理措施也属于国民待遇义务的例外措施。1992 年，在美国与加拿大、墨西哥三国签订的“北美自由贸易协定”中首次提出“准入前国民待遇”概念，将国民待遇原则的适用延伸到外资准入阶段。之后美国在国际谈判、国际投资协定的签署过程中均坚持准入前国民待遇。

需要注意的是，国民待遇要求给予外国投资者及其投资不低于本国投资者及其投资的待遇，一国可以给予内外资相同待遇，也可以根据引资需要给予外资一定的优惠，这两种方式都符合国民待遇的要求。

二、有关国际协定中国民待遇条款的具体表述

国际投资协定中一般不直接出现“准入前国民待遇”的表述。如果在国际投资协定的国民待遇条款中含有投资的“设立”、“取得”、“扩大”等，就意味着缔约各方互相给予准入前

国民待遇。

（一）欧盟和加拿大《全面经济贸易协定》

欧盟和加拿大《全面经济贸易协定》（简称 CETA），是欧盟与发达经济体在投资保护协定方面的代表。其中，关于国民待遇条款的表述是：缔约一方给予缔约另一方的投资者及其涵盖投资（注：涵盖投资是指缔约一方投资者在缔约另一方合法设立或取得的投资）的待遇应不低于相似情形下对本国投资者及其投资的待遇，具体涉及在其境内投资的设立、取得、扩张、经营、运营、管理、维持、使用、享有、出售或其他形式的处置。

（二）《跨太平洋伙伴关系协定》

《跨太平洋伙伴关系协定》（简称 TPP）关于国民待遇条款的表述是：在投资的设立、取得、扩大、管理、经营、运营、出售或其他处置方面，每一缔约方给予另一缔约方投资者（注：包括涵盖投资）的待遇应不低于在其领土范围内在相似情形下给予本国投资者的待遇。

（三）美国 2012 年投资协定范本

美国 2012 年投资协定范本第三条规定了国民待遇条款：缔约一方给予缔约另一方投资者（注：包括涵盖投资）的待遇应不低于其在相似情形下给予国内投资者的待遇，具体包括投资的设立、取得、扩大、管理、经营、运营、出售和其他投资处置。

（四）《美国墨西哥加拿大协定》

美国、墨西哥、加拿大三国于 2018 年 11 月 30 日签署《美国墨西哥加拿大协定》（简称 USMCA），其中投资章国民待遇条款的表述是：缔约一方给予其他缔约方投资者以及其涵盖投资的待遇应不低于其在相似情形下设立、取得、扩大、管理、经营、运营、出售或其他投资处置方面给予国内投资者及其投资的待遇。同时，此种待遇应不低于在相似情形下中央及地方政府给予本国投资者及其投资的最优惠待遇。

三、关于我国实施准入前国民待遇的情况

目前，我国已经与134个国家和地区签署了投资保护协定。2013年之前，我国在国际投资协定谈判中未承诺给予“准入前国民待遇”，而仅是规定了“准入后国民待遇”。2013年7月第五轮中美战略与经济对话期间，中美双方同意以准入前国民待遇加负面清单为基础开展中美双边投资协定的实质性谈判，标志着中国参与国际投资规则制定立场的重大转变。2013年11月，党的十八届三中全会提出了探索对外商投资实行准入前国民待遇加负面清单的管理模式。党的十九大做出了“推动形成全面开放新格局”的决策部署，要求“实行高水平的贸易和投资自由化便利化政策，全面实行准入前国民待遇加负面清单管理制度”。

目前正在进行的中欧投资协定谈判中，针对准入前国民待遇条款，双方提出了不同的建议范本。其中，中方建议表述为：在设立、取得、扩大、管理、经营、运营、出售或以其他方式处置其领土内投资的方面，缔约一方给予另一方投资者（注：包括涵盖投资）的待遇应不低于相似情形下其给予本国投资者的待遇。欧方建议表述为：1. 在其领土内设立企业或取得投资方面，缔约一方给予缔约另一方投资者及其涵盖投资的待遇应不低于相似情形下其给予本国投资者及其投资的待遇。2. 在其领土内运营投资方面，缔约一方给予缔约另一方的投资者及其涵盖投资的待遇不应低于相似情形下给予本国投资者及其投资的待遇；运营投资包括投资的经营、管理、维护、使用、享有、出售或者其他形式的处理。

部分国家外商投资信息报告制度的有关情况

建立外商投资信息报告制度，要求外国投资者、外商投资企业报告有关投资信息，以便为外商投资政策制定和外商投资管理提供信息基础，已经成为许多国家的通行做法。

一、美　国

在美国，外商投资信息报告制度又称为国际投资调查制度，于二十世纪七十年代开始建立，现行主要法律依据为《国家投资和服务贸易调查法》。

按照该法，收集国际投资和服务贸易信息，属于总统职权。美国总统则将其全部职权授予行政管理和预算局局长，同时明确规定，在行政管理和预算局局长没有相反指示的情况下，由商务部长负责收集外国直接投资的相关信息。实践中，主要由商务部长指定其下属的经济分析局承担收集信息的具体工作。

履行信息报告义务的主体是被外国人直接或者间接持有或者控制 10% 以上股份的外商投资企业。需要提交的报告包括两类四种：

一类是初始报告。当外国投资者通过直接投资在美国建立新的外国投资关系，或者外国投资企业及其外国母公司在美国设立新的法律实体、扩张营业或者并购美国企业时，应当向经济分析局提交初始报告。需要报告的内容主要是外国投资者、外商投资企业的基本信息、控制关系（外国母公司、最终受益人、持股比例等）、交易信息（时间、金额、资金来源等）、基本财务数据（资产、负债、营业额、盈亏等）、企业运营状况(所从事行业、员工人数等)。

另一类是定期报告，包括季度报告、年度报告和五年一度报告。其中，五年一度报告为主动报告，所有符合报告要求的主体均需主动提交；季度报告和年度报告属于被动报告，只有接到经济分析局通知的外商投资企业才需要提交。季度报告是为了掌握外国投资企业与其境外母公司、关联公司之间的交易情况及投资现状（如股权结构及其变化、应收应付债务及利息、归属于海外母公司的盈亏）；年度报告是为了掌握外国投资企业的年度财务和运营数据（主营业务、总销售额、雇员人数，收入、纳税、成本、费用，资产负债表，进出口数据，雇员和不动产所在位置等）；五年一度报告是为了全面掌握美国境内的外国直接投资情况，需要填报信息最多，包括公司基本情况、财务和运营数据、外国投资企业与其境外母公司、关联公司之间的交易情况及投资现状等。

需要说明的是，美国经济分析局对上述四种报告采取梯度报告、豁免报告制度，即根据持股比例、投资金额、总资产、年度销售额或营业收入等标准，对低于一定标准的企业豁免报告，要求超过不同标准的企业填报不同的表格，标准越高，需要填报的信息越详细。例如，外国人直接或者间接持有或者控制美国企业不足10%的股份的，豁免报告；投资金额超过300万美元的，才需要填报初始报告；总资产、年度销售额或营业超过6000万美元、3亿美元的，分别需要填报不同的五年一度报告，其中最复杂的表格共有200多项。

违反《国家投资和服务贸易调查法》规定的信息报告义务的，需要承担相应的民事责任和刑事责任。外国投资企业不依法履行报告义务的，处以2500美元以上25000美元以下的民事罚款。故意不履行报告义务，或者故意违反依据该法制定的规则、作出的命令、指令，构成犯罪的，处以1万美元以下的罚金，对负有责任的董事或其他职员可以处以罚金和（或）一年以下监禁的刑事责任。

二、加拿大

《投资加拿大法》规定了外国投资者的信息报告义务。外国投资者投资非文化领域的，应当向创新、科技和经济发展部提交报告；投资文化领域的，应当向遗产部提交报告；投资同时涉及文化领域和非文化领域的，应当分别向两部门提交报告。

加拿大将外国投资分为无须审批的投资和须经审批的投资，对外国投资者规定了不同的信息报告要求。对于无须审批的投资，投资者仅需在进入阶段简单报告一些基本信息，包括外国投资者信息（基本情况、治理结构、控制关系、主营业务、外国对该企业的情形等16项）、投资信息（卖方信息、投资方式、买卖协议、资金来源、投资时间等5项），以及投资涉及的在加拿大开展业务、取得加拿企业控制权、新设加拿大业务、投资文化领域的基本信息。对于须经审批的投资，投资者除了在进入阶段按照审批条件要求提交详细信息（除与前者类似信息外，还包括年度审计报告、投资业务计划、承诺等）外，在经营过程中还要提交监管信息报告，详细说明计划、承诺的实际执行情况，未能实现计划、承诺的，还要说明情况、原因、造成的影响、补救办法等。

投资者违反信息报告制度要求的，主管部门可以指令投资者停止违法行为，及时采取补救措施或作出说明。投资者未能遵守前述要求的，主管部门可以申请法院发布下列命令：责令投资者停止违法行为、遵守书面承诺、解除对加拿大业务的控制，暂停、取消或者要求处置投资者的投票权，对投资者违法期间处以每天不超过 1 万加元的罚金。

此外，加拿大的外商投资企业还应当按照《加拿大商业公司法》规定，向加拿大创新、科技和经济发展部的公司局提交企业年报。企业年报遵循内外资企业一致原则，对外商投资企业没有额外要求。

三、德　国

德国《对外经济条例》规定了外商投资企业就外国人在德国境内持有资产的报告义务。外国人单独或合计持有本国公司 10%、50% 的股票或者投票权，或者外国公司在德国设立公司、分支机构等，涉及金额超过 300 万欧元的，本国公司、外国公司分支机构等应当向联邦银行报告相关资产状态及构成。

此外，德国的外商投资企业还应当像内资企业一样，在向各市、区法院办理公司商事登记时提交公司基本信息，并依法提交年度财务报告。德国对外商投资企业没有额外的信息报告要求。

四、日　本

日本《外汇及外国贸易法》将外国投资分为事前审批、事后报告、单纯登记三类，分别规定了外国投资者相应的信息报告义务。日本银行负责收集、统计有关外国投资企业事前审批和事后报告的信息，并将相应信息提供给日本财务省和其他行业部门。

1. 外国投资者投资事前审批类项目，应当在实施投资前6个月内，向日本银行提交申请材料，包括申请人、标的公司、拟收购股票、收购目的、实际控制人、关联人持有标的公司股票数量等信息。在经营过程中，外国投资者还应当向日本银行报告特定重大信息，如取得或者处置股权，发行公司债券、获得贷款及其偿还，终止营业或者注销企业等。

2. 外国投资者投资事后报告类项目，应当在投资实施的次月15日前向日本银行报告，内容包括报告人、标的公司、股票种类、关联人持股情况、转让方、收购和支付的日期等。

3. 外国投资者投资单纯登记类项目，只需要就特定事项提交报告。具体包括资本交易报告（如储蓄、融资、投资房地产等）、与资本有关的外汇流动报告以及其他业务报告（如外国投资者持有日本企业10%以上股份、投资10亿日元以上等）。

此外，对符合《外汇及外国贸易法》和投资相关条例、部门规章规定的特定情形的外国投资者，豁免信息报告义务。

《外汇及外国贸易法》对违反信息报告义务的情形，规定了刑事责任。未事前申报或进行虚假申报的，并处或单处3年以下有期徒刑、100万日元以下罚金；直接投资金额的3倍超过100万元的，罚金为该投资金额的3倍以下。未事后报告或进行虚假报告的，并处或单处6个月以下有期徒刑、50万日元以下罚金。

图书在版编目（CIP）数据

中华人民共和国外商投资法解读／王翔主编
.—北京：中国法制出版社，2019.11
ISBN 978-7-5216-0672-0

Ⅰ.①中… Ⅱ.①全… Ⅲ.①外商投资-涉外经济法-法律解释-中国 Ⅳ.①D922.295.5

中国版本图书馆 CIP 数据核字（2019）第 240106 号

策划编辑 谢 雯　　责任编辑 谢 雯 赵律玮　　封面设计 蒋 怡

中华人民共和国外商投资法解读

ZHONGHUA RENMIN GONGHEGUO WAISHANG TOUZIFA JIEDU

主编/王翔
经销/新华书店
印刷/三河市紫恒印装有限公司
开本/880 毫米×1230 毫米 32 开　　印张/7 字数/121 千
版次/2019 年 11 月第 1 版　　2019 年 11 月第 1 次印刷

中国法制出版社出版
书号 ISBN 978-7-5216-0672-0　　定价：36.00 元

北京西单横二条 2 号
邮政编码 100031　　传真：010-66031119
网址：http：//www.zgfzs.com　　编辑部电话：010-66010493
市场营销部电话：010-66033393　　邮购部电话：010-66033288

（如有印装质量问题，请与本社印务部联系调换。电话：010-66032926）